LA VOLTAIROMANIE

PAR

l'Abbé BERSEAUX

ANCIEN PROFESSEUR DE THÉOLOGIE

AUTEUR DES GRANDES QUESTIONS RELIGIEUSES

> I. Voltaire, voilà mon oracle.
> II. Rousseau, voilà mon maître,
> III. Leurs discipes, voilà mes hommes.
> IV. Leur cause, voilà ma cause.
> V. Il n'y a plus de religion en France.
> VI. On ne doit croire d'autres prêtres que les
> prêtres de la raison.

PARIS
LIBRAIRIE HATON
Rue Bonaparte, 33.

NANCY
HUMBERT, LIBRAIRE-ÉDITEUR
Rue de La Salle, 29.

1878

LA VOLTAIROMANIE

LA
VOLTAIROMANIE

PAR

l'Abbé BERSEAUX

ANCIEN PROFESSEUR DE THÉOLOGIE

AUTEUR DES GRANDES QUESTIONS RELIGIEUSES

I. Voltaire, voilà mon oracle.
II. Rousseau, voilà mon maître,
III. Leurs disciples, voilà mes hommes.
IV. Leur cause, voilà ma cause.
V. Il n'y a plus de religion en France.
VI. On ne doit croire d'autres prêtres que les
prêtres de la raison.

<table>
<tr><td>

PARIS

LIBRAIRIE HATON

Rue Bonaparte, 33.

</td><td>

NANCY

HUMBERT, LIBRAIRE-ÉDITEUR

Rue de La Salle, 29.

</td></tr>
</table>

1878

LA
VOLTAIROMANIE

I

VOLTAIRE, VOILA MON ORACLE

Je ne vous féliciterai pas touchant l'admiration que
vous accordez à cet homme, que l'on pourrait presque appeler une incarnation de Satan ; je n'hésite
pas à dire que votre héros ne vous fait pas honneur, et que vous pourriez faire un meilleur choix.
Arrêtons-nous, en effet, quelques instants, à étudier d'après les sources les plus authentiques, d'après
des documents incontestables, cet impie fameux
entre tous dont vous faites sonner si haut le nom, et
réduisons à leur juste valeur les éloges que le
siècle, dans sa frénésie, lui a décernés. Depuis trop
longtemps, les adversaires du christianisme ne se
défendent qu'en nous attaquant, agissons envers eux
comme ils agissent envers nous, attaquons-les, dé-
montrons-leur qu'ayant une cabane de paille, ils ne
devraient pas mettre le feu à la maison de leur voi-
sin, et comme à la guerre, le plus court et le mieux
c'est d'aller droit au capitaine, allons droit au coryphée de l'incrédulité, portons nos coups au centre,

nous rappelant la tactique d'Annibal qui s'était proposé d'attaquer les Romains dans Rome même et d'aller droit au Capitole.

Voltaire, voilà mon oracle. — Que fut, en définitive, cet homme tant vénéré par vous ? Je n'hésite pas à dire qu'il fut pétri de tous les vices. Lisez sa vie, étudiez-le dans sa *Correspondance* de telle sorte que vous ayez un tableau de Voltaire peint par lui-même, que trouvez-vous ? Tous les péchés capitaux sont en lui à un degré suprême, l'on peut dire :

Non, je n'ai pas besoin de lui chercher des vices.

Voyons plutôt. *Sa superbe* allait jusqu'à la folie, son orgueil était un orgueil de démon. Hérault, lieutenant de police, lui ayant dit un jour : « Quoi que vous écriviez, vous ne viendrez point à bout de détruire la religion chrétienne ; » il répondit modestement : *C'est ce que nous verrons.* (1). Il ne travaillait que pour la renommée (ou l'argent comme nous l'établirons bientôt). « Que de travaux, que de peines pour cette fumée de vaine gloire ! Cependant, *que ferions-nous sans cette chimère ?* Elle est nécessaire à l'âme comme la nourriture l'est au corps ; je veux refondre *Ériphyle* et *La mort de César*, le tout pour cette chimère (2). » Il ne voit que lui-même et lui seul sans élever ses pensées plus haut. On annonce en 1748 que la paix pourrait bien être publiée ; Voltaire accueille cette nouvelle avec transport, savez-vous pourquoi ? Est-ce parce que les horreurs et les calamités de la guerre vont cesser ? Non ; pourquoi

(1) 20 juin 1770, à d'Alembert, Lepan, p. 30, Paris 825. — (2) Septembre 1732, à M. de Formont.

donc ? C'est parce que « cela pourrait fournir quelques spectateurs à Sémiramis. (1) » Il fait fumer
lui-même l'encens sur ses propres autels, car on
lit dans son *Dictionnaire philosophique* : « Le philosophe inimitable qui nous a donné l'*Essai sur 'les
mœurs et l'esprit des nations*, qui a relevé avec force
l'atrocité des entreprises de cette nature (de l'excom-
munication) (2). » D'Alembert ayant proposé aux
philosophes d'élever une statue à Voltaire, Voltaire
lui-même le pressa de solliciter la souscription de
l'impératrice de Russie et du roi de Prusse, comme
étant le seul qui fût à portée de *proposer cette bonne
œuvre philosophique* (3). Enfin, après les ovations
dont il fut l'objet lors de son retour en France, il
s'écria dans l'ivresse et le délire de l'orgueil : « Mon
entrée à Paris a été plus triomphante que celle de
Jésus-Christ dans Jérusalem (4). »

Sa *cupidité* fut insatiable. Il était sans cesse à la
recherche des moyens par lesquels il pourrait amas-
ser de l'argent et augmenter sa fortune. Quand il le
pouvait et dans la mesure où il le pouvait, la publica-
tion de ses écrits était avant tout une affaire qu'il
négociait avec toute l'habileté d'un commerçant con-
sommé. L'un des premiers, il fit des lettres une bran-
che d'industrie, et lorsque tant d'autres écrivaient
avec le plus noble désintéressement pour éclairer et moraliser leurs semblables, pour être utiles au
genre humain, il écrivit pour être utile à lui-même.
Il a résumé la vie littéraire de je ne sais plus quel

(1) 2 août 1748, à d'Argental. — (2) Art. *Droit ca-
nonique*, sect. IV. — (3) 21 juin 1770, et Lepan. p.
— 170. (4) Biog. univ. art. *Voltaire*.

écrivain dans ces paroles : *Il compilait, compilait, compilait*, on peut résumer la sienne en disant : *Il empilait, empilait, empilait.* Sa nièce, qui l'avait vu de près et qui avait pu le mesurer, sa nièce, Mme Denys, lui écrivait le 20 février 1754 : « L'avarice vous poignarde, vous êtes le dernier des hommes par le cœur (1). »

Du reste, ses maximes sont connues. Le 11 juillet 1760, il mandait au P. de Menoux : « Il y a une tragédie anglaise qui commence par ces mots : *Mets de l'argent dans ta poche et moque-toi du reste.* Cela n'est pas tragique, mais cela est fort sensé. » Le 18 mars 1737, il écrivait à l'abbé Moussinot ces paroles qui sont loin d'être évangéliques : « En fait d'argent, il faut toujours recevoir. » Conséquent avec lui-même et fidèle à ses principes, il ne reculait devant aucun moyen de s'enrichir, pas même devant l'injustice, et avait recours à de petites industries qui ne révèlent en lui ni un honnête homme, ni un cœur élevé. Tantôt, sans dignité et sans grandeur, il épuise toutes les ressources de son esprit à fatiguer les marchands pendant de longues heures pour obtenir un léger rabais. Tantôt, du fond de sa tannière de Ferney, il trafique à Paris sur les vieux tableaux par l'intermédiaire de son neveu l'abbé Moussinot, auquel il « demande, le 27 avril 1737, un profond secret en cela comme en tout le reste » et auquel il écrit le 17 juin 1738 : « Si je retourne à Paris, nous brocanterons vigoureusement. » Tantôt, il s'arme de toutes les précautions imaginables pour ne rien per-

(1) 10 mars 1755 à d'Argental.

dre de ses deniers, allant jusqu'à écrire, le 30 juillet
1736 au même abbé Moussinot : « Dorénavant, je
ferai des marchés pour tout, *fût-ce pour des allu-
mettes*, car les hommes abusent toujours du peu de
précaution que l'on a pris avec eux. » Tantôt, faisant
argent de tout, il mande des *Délices* à Collini, le 23
mai 1756 : « Il faut que les domestiques aient grand
soin de remuer les marronniers, d'en faire tomber
les hannetons, et *de les donner à manger aux poules*. »
Comme il plaçait ses fonds en viager, et qu'il voulait avoir les rentes les plus considérables possibles,
tantôt, il se donne des jours, des mois, des années
qu'il n'a pas, tantôt, il se fait malade lorsqu'il est
bien portant, et dangereusement malade lorsqu'il a
la moindre indisposition ou le plus léger mal de tête,
et cela avec une insistance, une persévérance dont
serait à peine capable la patience d'un martyr. C'est
ainsi que dans sa *Correspondance*, qui est le plus
complet des dictionnaires de médecine, il s'appelle
un éternel malade (1), né malade (2) et infirme (3),
de parents malsains et morts jeunes (4), devenu ma-
lingre (5), mélancolique (6), cacochyme (7), paraly-
tique (8), aveugle comme Tobie (9), misérable comme
Job (10), souffrant dix heures sur douze (11), ne
passant aucun jour sans avoir la colique (12); c'est

(1) 12 juin 1746, au marquis d'Argenson.— (2) 1754,
à Frédéric, nº 1749, édit. Beuchot. — (3) Octobre 1757, au même. — (4) Pièce inédite de Voltaire.
Paris 1820, in-8º, p. 197. — (5) 8 mai 1750, à Frédéric.
— (6) Idem. — (7) 3 octobre 1758, à Formont. —
(8) 17 février 1749, à Frédéric. — (9) 8 novembre 1776,
au même. — (10) Ibidem. — (11) mars 1754, à Mme
du Deffand. — (12) 9 août 1769, à Thiérot.

ainsi qu'il s'y plaint à chaque page d'indigestions (1) de fièvre (2), de fièvre maligne (3), de fièvre double-tierce (4), de grippe (5), de petite vérole (6), de gale (7), de dyssenterie (8), de catharrhe (9), d'humeur scorbutique (10), de crampe (11), d'érési-pèle (12), de goutte (13), de fluxion de poitrine (14), de maladie de poitrine (15), de dartre (16), de strangurie (17), d'apoplexie (18), de toux, (19) de rétrécissement dans les nerfs (20), d'hydropisie (21), de visite de trois ou quatre rhumatismes à la fois (22), d'extinction de voix et d'extinction de tout (23), d'indisposition qui le rend sourd d'une oreille et lui fait perdre ses dents (24), de sorte qu'il n'est plus qu'un vieux roseau courbé par les orages (25), un cadavre ambulant (26) travaillé par quatre-vingt-deux mala-

(1) 1721 au même, nº 33, édit. Beuchot. — (2) juillet 1723, à Mme de Bernières. — (3) Décembre 1723, au baron de Breteuil. — (4) 24 août 1724, à Thiérot. — (5) 6 avril 1743, de Frédéric à Voltaire. — (6) Décembre 1723, au baron de Breteuil. — (7) 28 novembre 1723, à Mme de Bernières. — (8) Avril 1734, à d'Argental. — (9) 24 avril 1770, à Hennel. — (10) 17 juin 1752, à Mme de Fontaine. — (11) 1751, à Frédéric, nº 1722, édit. Beuchot. — (12) 1752, à Mme de Fontaine. — (13) 24 novembre 1753, à d'Argental. — (14) 3 février 1766, à Ximenès. — (15) 4 mai 1770, à Frédéric. — (16) 2 avril 1755, au duc de Richelieu. — (17) 19 février 1773, à d'Alembert. — (18) 9 mai 1777, à d'Alembert. — (19) 1750, à la duchesse de Maine, nº 1607, édit. Beuchot. (20) 25 novembre 1752, au duc de Richelieu. — (21) 20 février 1754, au marquis de Palmé (22) 7 janvier 1754, à de Brenles. — (23) 5 février 1777, à Hennien. — (24) 26 janvier 1749, à Frédéric. — (25) 16 août 1766, au duc de Richelieu. — (26) 6 mai 1750, à d'Argental.

dies à l'âge de quatre-vingt-deux ans (3), et se trouvant deux ans plus tard rongé de deux nouvelles infirmités, ce qui en porta le total au nombre de quatre-vingt quatre. (2) En un mot, tous les malheurs qui peuvent accabler un homme maigre comme un *hareng sauret*, qui est obligé de faire de son corps *une boutique d'apothicaire*, ont fondu sur lui, et cependant cet homme en proie à tant de maladies qu'un tempérament de fer pourrait à peine les supporter pendant quelques mois, arrivait à Paris en 1778 avec la meilleure santé, une humeur agréable, une gaîté charmante. Aussi, riait-il sous cape de ses débiteurs auxquels il faisait payer des intérêts depuis si longtemps. Il écrivait entr'autres à Cideville, le 10 mai 1764 : « Ce qui pourra me consoler, c'est le plaisir que j'ai de désespérer le marquis de Lezeau. Il est tout étonné de ne m'avoir pas enterré au bout de six mois, je lui joue depuis plus de trente ans un tour abominable, » et chose remarquable ! c'est en 1722, année où il plaça pour la première fois de l'argent en rente viagère, que Voltaire commença de gémir sur ses maladies. Quel comédien ! Quelques traits achèveront de nous édifier sur son désintéressement et de nous montrer en lui un véritable harpagon. Obligé de porter un deuil de cour, Voltaire emprunte au négociant Fromery un habit noir qui allait bien pour la longueur, mais qui était trop large, il le fait rétrécir, s'en sert, puis le renvoie à

(1) 30 octobre 1776, à Mme de Saint-Julien. — (2) 12 décembre 1777, à Fabry. Voir Nicolardot, *Ménage et finances* de Voltaire, chap. ii, n. 7 et chap. iii, n. 1

son propriétaire pour lequel il est trop étroit et qui ne peut plus s'en servir. Pendant son séjour chez le roi de Prusse, il fait vendre à son profit les douze livres de bougie qu'on lui donnait par mois, et pour s'éclairer chez lui, il a soin tous les soirs de retourner dans son appartement sous différents prétextes et de s'armer à chaque fois de l'une des plus grandes bougies allumées dans l'appartement du roi, bougies qu'il ne rapporte pas (1). Enfin, sur son testament, Voltaire le richissime, Voltaire dont les revenus s'élevaient à sa mort, à deux cent six mille livres au moins, le crésus Voltaire lègue 300 livres aux pauvres de Ferney, et encore ayant soin de faire cette réserve : « S'il y a des pauvres (2). » Passons.

Voltaire *suait la luxure*. Ses livres sont un égoût rempli de plaisanteries graveleuses, d'équivoques en usage dans les plus mauvais lieux, d'obscénités dignes de Rabelais, et tout cela à l'endroit des mystères les plus augustes, des cérémonies les plus sacrées. Mme de Fontaine s'occupait de pastels dans ses moments de loisir. Voltaire lui écrit le 13 février 1756 : « J'espère que vous ne mépriserez pas mes petits pénates et que vous viendrez les embellir de votre présence et de vos dessins. *Apportez surtout les plus immodestes pour me réjouir la vue.* » A Bruxelles, il paie son tribut dans les maisons de débauche (3) ; à Lahaye, il a avec une demoiselle Dunoyer des relations criminelles par suite desquelles

(1) Lepan, p. 84-85 ; Nicolardot citant les sources l. c., *Conclusion*. — (2) Ibid., ch. iv, n. 12. — (3) 11 septembre 1722, à Thiérot.

il est éconduit et reconduit en France. Il devint ensuite l'amant connu de l'anglaise Laura Harley qui
était mariée, de l'actrice Duclos, de l'actrice Corsem-
bleu, de la Lecouvreur, de la Lyvry (1), etc., etc.
Enfin, et c'est tout dire, Voltaire a écrit *la Pucelle*, ce
poème infâme, boueux, ordurier, dans lequel il insulte en même temps à la virginité, au patriotisme,
au martyre de l'héroïne de la France. Non-seulement
il a écrit *la Pucelle*, mais il l'a constamment eue pour
son œuvre de prédilection, la relisant sans cesse
pour lui, la lisant aux autres avec une satisfaction
marquée, la faisant copier pour ses amis, tressaillant
d'allégresse lorsque le jour de son couronnement il
entendit la populace crier mille fois: *Vive la Pucelle*,
et avouant qu'après tant de bonheur il ne lui res-
tait qu'à mourir (2). Le comte de Maistre n'a pas été
trop loin quand il a dit: « D'autres cyniques étonnè-
rent la vertu, Voltaire étonne le vice. Il se plonge
dans la fange, il s'y roule, il s'en abreuve ; Paris l'a
couronné, Sodôme l'eût banni. (3).» Voltaire appelait la
religion chrétienne du nom d'*infâme*, et il s'est trouvé
que c'est lui qui est libertin. Bref, si quelqu'un pré-
tendait sérieusement que Voltaire est resté céliba-
taire par vertu, par amour de la chasteté, aboutirait-
il à autre chose qu'à faire pouffer de rire ?

Voltaire, pendant le cours de sa longue carrière,
fut rongé par *la plus basse envie* contre quiconque
n'avait pas arboré ou n'arborait pas son drapeau et

(1) Nicolardot *Ubi suprâ. Postscriptum pour les
curieux.* — (2) Nicolardot *Ubi supra. Postscriptum
pour les curieux,* ch. IV, n. 11. — (3) *Soirées,* IVe
Entretien.

ne voulait pas faire fumer l'encens sur ses autels. Sous l'empire de ce sentiment, il regarde tous les talents comme une insulte faite aux siens, il veut la gloire pour lui seul, il se livre aux insultes les plus amères contre les écrivains de son siècle qui percent tant soit peu et contre ceux des siècles passés qui ont mérité les suffrages de l'opinion publique. Citons quelques faits. Parle-t-il de Bossuet? C'est pour dire « qu'il était le premier des *déclamateurs*, mais le *dernier* des philosophes, » pour « assurer qu'il n'était pas de bonne foi (1). » Parle-t-il de Fénélon? Incapable de comprendre les sentiments nobles et élevés, il ne voit que calcul sans conviction dans la conduite admirable de l'archevêque de Cambrai, disant que s'il renonça à ses opinions, c'est qu'il aima mieux sacrifier le quiétisme que son archevêché (2). » Parle-t-il de Jean-Jacques Rousseau, qui s'est permis de douter de la vérité de ses oracles? Il l'appelle *un grand fou, un méchant fou, un malheureux fou* (3), *un valet de Diogène* (4) Parle-t--il de l'infortuné Gilbert qui n'a pas voulu s'accroupir aux pieds de l'idole, ni remplir en son honneur et gloire les fonctions thuribulaires? Il écrit à d'Argental : « Quant à mon ami M. le cocher Gilbert, je souhaite qu'il aille au carcan à bride abattue (5). » Parle-t-il de Pascal? Il trouve que c'est une *réputation usurpée* (11 juin 1777, à M. de Vaines); il dit en parlant de l'édition des *Pensées* par Condorcet, qu'elles sont « relevées par des notes qui

(1) 23 décembre 1767, au duc de Bouillon. — (2) 1er avril 1741, à M. de Mairan. — (3) 7 janvier 1766, à M. de Ruffey. — (4) 22 août 1761. — (5) 19 juillet 1776.

valent bien le texte, » que « l'éditeur est un homme
égal à Pascal pour le génie et supérieur pour la raison (1). » Parle-t-il de Maupertuis ? Après l'avoir
déchiré pendant sa vie, il le déchire encore, il s'a-
charne contre lui après la mort, conduite qui inspira
ces vers à Frédéric indigné :

> Voyez quelle est votre manie,
> Quoi ce beau, quoi ce grand génie
> Que j'admirais avec transport,
> Se souille par la calomnie,
> Même il s'acharne sur un mort.
> Ainsi, jetant des cris de joie,
> Planant en l'air, de vils corbeaux
> S'assemblent autour des tombeaux
> Et des cadavres font leur proie.

En même temps qu'il dénigre ses adversaires, Voltaire exalte, outre mesure et jusqu'au ridicule, ses
adulateurs, disant par exemple au prince Galitzin
(19 juin 1773) : « Vous rendez un grand service à la
raison en faisant réimprimer le livre de feu M. Helvétius. » Il ne peut supporter que le public encense
d'autres écrivains que lui et ses partisans :

> Nul n'aura de l'esprit hors nous et nos amis,
> Nous chercherons partout à trouver à redire,
> Et ne verrons que nous qui sachent bien écrire.

Telle était la devise du grand homme, telle est encore aujourd'hui la devise de sa race qui n'est pas
perdue.

(1) 4 juin 1777, à M. de Vaines.

Voltaire *écumait de colère* et jamais son cœur ne connut la douce commisération, la tendre piété, le sentiment divin du pardon. C'est un besoin pour le philosophe de Ferney de s'attaquer à tout et à tous, à la vérité, à la vertu, au génie, à Jésus-Christ, à l'Eglise, à la Papauté. L'injure coule sans cesse sous sa plume qui prodigue à tout allant et à tout venant les épithètes de gueux, de misérable, de cagot, de cuistre, de bélître, de christicole ; il couve sa haine pendant de longues années et, une fois éclose, elle vit à toujours. Le 28 août 1750, il écrivait à d'Argental, en rappelant les circonstances qui l'avaient fait exiler : « Il y a quinze ans, direz-vous, que cela est passé, non, il y a un jour, et ces injustices atroces sont toujours des blessures récentes. » Le comte de Maistre a remarqué que Voltaire n'a jamais su faire une épigramme, et la raison qu'il en donne c'est que « la moindre gorgée de son fiel ne pouvait couvrir moins de cent vers (1). »

Quant à l'*amour de la bonne chère*, les déclamations de Voltaire contre le jeûne et l'abstinence donnent naturellement à penser qu'il n'était pas insensible à un bon dîner et qu'il ne comprenait pas la grande loi de la morale naturelle et chrétienne, qu'il faut mortifier la chair si l'on veut vivre selon l'esprit. Voici, du reste, une de ses maximes qui lève toute incertitude, dispense de tout commentaire et nous montre que s'il était libre penseur, et libre faiseur, il était aussi libre mangeur : « La table et le lit sont nécessaires. L'habitude d'être alternativement sur ces deux trônes ne vous dégoûtera jamais (2). »

(1) L. c. — (2) *Diction. philosoph.*, art. Rare.

Il faut reconnaître, il est vrai, que *loin d'avoir été fainéant,* Voltaire fut d'une activité inconcevable, d'une fécondité rare et qu'il ne se donna ni repos, ni trêve, mais ici diverses réflexions se présentent naturellement. Si Voltaire a immensément écrit, cela lui fut facile, car il a possédé au degré suprême l'art de parler sans rien dire ou en disant des riens. Dans ses écrits historiques l'érudition ne le gênait guère et les patientes recherches ne lui demandaient pas de longues veilles, des heures considérables. Quant à ses écrits philosophiques, ils sont remplis de répétitions qui révèlent en lui de la monomanie. Sa correspondance, qui est à elle seule une partie notable de ses écrits, n'est qu'une redite perpétuelle, un remâchage éternel des mêmes choses, car il y revient sans cesse, tantôt sur ses maladies, tantôt sur ses ennemis, tantôt sur ses difficultés avec ses libraires, tantôt sur les moyens à prendre pour écouler le poison de ses livres, tantôt sur les démarches à faire pour que ses tragédies puissent être jouées, tantôt sur le hameau de Ferney transformé en une ville opulente. Puis, à quelle cause Voltaire voua-t-il son activité et ses talents ? Est-ce au triomphe de la vérité et de la vertu ? Loin de là, il plaida constamment la cause de l'erreur et du vice, il abusa des dons du génie, par là même, il n'a point droit aux honneurs que le génie mérite, son esprit n'est pas de lui, l'abus qu'il en a fait est seul de lui. Sa vie fut plus qu'inutile au monde puisqu'elle lui a été infiniment nuisible. Les voltairomanes déraisonnent visiblement lorsqu'ils nous disent emphatiquement qu'avoir été Voltaire, c'est une des plus grandes gloires qui puissent échoir à un homme.

VOLTAIRE, VOILA MON ORACLE. Ajoutez à tout ce qui précède que Voltaire fut un mauvais fils, un mauvais ami, un mauvais citoyen, un mauvais français, un mauvais savant, un mauvais historien, un mauvais philosophe, un mauvais libéral, un mauvais homme. Calomnies, dites-vous ! Eh bien ! écoutez les preuves à l'appui de chacune de ces affirmations, preuves qu'il nous faut donner, car Voltaire c'est un siècle, c'est un parti, c'est le généralissime plus ou moins avoué de tous les incroyants.

Voltaire fut *un mauvais fils*, car il rougit du nom de son père. Le 17 mai 1744, il écrivait à l'abbé Moussinot : « C'est de Lille où j'ai passé quelques jours, que je vous envoyai ma signature en parchemin dans laquelle j'oubliai le nom d'*Arouet* que j'oublie assez volontiers. Je vous envoie d'autres parchemins où se trouve ce nom malgré le peu de cas que j'en fais. » C'est en 1718 qu'il se fabriqua le nom sonore de Voltaire par l'anagramme des lettres AROUET L. J. (le jeune) qui avaient formé sa signature primitive. C'est ainsi que Constantin-Louis Chassebeuf, amateur du génitif, changea son nom en celui de M. de Volney ; c'est ainsi que Caron changea le sien en celui de M. de Beaumarchais ; c'est ainsi que Luther changea son nom primitif et patronymique de *Luder* qui, en allemand, signifie bête morte, en celui qu'il a porté depuis.

Voltaire fut *un mauvais ami* ; un trait suffira pour le peindre sous ce rapport. D'alembert lui expose que sa santé est épuisée, qu'on lui recommande un voyage en Italie et qu'il se mettrait en route. bien volontiers si sa bourse lui permettait de payer un remède aussi cher. Or, Voltaire qui a deux cent mille livres de rente, qui dépense peu et qui fait chaque année des épargnes considérables, Voltaire qui estime d'Alembert, va sans doute se montrer généreux. Non ; ami, jusqu'à la bourse, il se contente de lui répondre, après plusieurs instances, le 11 août 1770 : « Mon cher ami, on ne se porte pas mieux sur les bords du Tibre que sur ceux de la Seine. M. de Fontenelle, à qui vous tenez de fort près, a vécu cent ans sans en avoir l'obligation à Rome. » La clarté du texte dispense du commentaire.

Voltaire fut *un mauvais citoyen.* L'impôt est une dette sacrée, une offrande que l'on doit aimer à apporter sur les autels de la patrie, car les priviléges de quelques-uns, à l'endroit des charges publiques, pèsent sur toute la communauté. Or, Voltaire qui n'est point par état voué à la chose publique, s'estime heureux de ne pas payer d'impôts, et remue ciel et terre afin de faire conserver ses propriétés dans leurs anciennes franchises. Il déclame contre le droit de main-morte et il s'estime heureux d'avoir encore le droit de main-morte sur plusieurs petites possessions (1er février 1761, à d'Argental) ; il déclame contre les immunités, et il s'applaudit d'avoir des immunités (28 mars 1760, à M. de Cideville); il s'écrie ivre de joie : « Vivent les terres et surtout les terres libres où l'on est chez soi maître absolu et où l'on n'a pas de vingtième à payer (1). »

(1) 27 février 1761, à Mme de Fontaines.

Voltaire fut *un mauvais français*. Il ne cesse de dénigrer, aux yeux des étrangers, ses concitoyens, qu'il appelle du nom de Velches, et de donner raison contre eux aux Anglais, aux Russes, aux Prussiens, conspuant la France pour mieux aduler les souverains qui la détestaient. Il écrivait à l'impératrice Catherine, le 9 août 1774 : « Daignez observer, Madame, que je ne suis point Velche, je suis Suisse, et si j'étais plus jeune, je me ferais Russe. » Et le 7 juin 1775 : « J'ignore en quels termes est actuellement votre empire avec le petit pays des Velches qui prétendent toujours être Français. Pour moi, j'ai l'honneur d'être un vieux Suisse que vous avez *naturalisé votre sujet.* » Le nom de Rosbach est pour nous un nom de douloureuse mémoire. Or, lorsque le souvenir de cette défaite était encore tout vivant, Voltaire, insultant au deuil et à l'humiliation de la France, écrivait à Frédéric, le 28 mars 1775 : « Toutes les fois que j'écris à Votre Majesté sur une affaire un peu sérieuse, je tremble comme nos régiments à Rosbach. » Le roi de Prusse lui ayant envoyé son portrait, il lui répondit le 27 avril 1775 :

> Tout Velche qui vous examine
> De terreur panique est atteint,
> Et dit en voyant votre mine
> Que dans Rosbach on vous a peint.

A propos des Français qui étaient allés porter secours à la Pologne dont le despotisme se partageait les lambeaux, il disait à l'impératrice Catherine, le 29 mai 1772 : « Nos extravagants de chevaliers errants qui ont couru sans mission vers la zône glaciale combattre le *liberum veto*, méritent à coup sûr toute votre indignation. » Voilà le vrai Français : il s'afflige de nos victoires, il plaisante sur nos revers. Ah ! sans doute, s'il avait vécu jusqu'en 1815, il aurait volé vers les frontières pour les ouvrir à l'invasion de l'étranger, il aurait fêté avec enthousiasme les Prussiens ses confrères, il aurait baisé les genoux des Russes ses concitoyens, le désastre de Moscou eût ranimé sa verve satyrique et moqueuse et il eût trouvé pour célébrer la journée de Waterloo l'enthousiasme lyrique auquel il fut complétement étranger pendant sa vie. Placez après cela Voltaire au Panthéon, au nom de la Patrie reconnaissante (1) fêtez son centenaire avec enthousiasme, par là imprimez au front de ce siècle le plus ignominieux des stigmates et livrez-les à l'indignation et à la pitié des siècles futurs.

Voltaire voila mon oracle. Voltaire fut *un mauvais savant*. Il traduit le latin comme un écolier qui l'entend médiocrement ; il ne sait pas le grec qu'il tronque en le citant, et cela à plusieurs reprises, et cela dans toutes les éditions de ses écrits, confondant le nominatif et le génitif, le présent et le futur, faisant des solécismes et des barbarismes et répondant carrément à ceux qui les lui font observer, que ce sont des fautes de typographie dont il faut rendre responsable l'ignorance des compositeurs, la maladresse des correcteurs, la négligence du prote, ce qui n'est pas, puisque les mêmes fautes se produisent invariablement plusieurs fois. Il parle sans cesse

____

(1) *Annales de philosophie chrétienne*, t. xxxvi.

hébreu, il disserte sur l'hébreu, il cite à ses adversaires tout une kirielle de mots hébreux et il ne sait pas même les lire, toutes choses dont l'a convaincu, avec la dernière évidence, le célèbre Guénée (1). Voltaire ne sait pas mieux la géologie que la linguistique. Qui voudrait aujourd'hui prétendre avec lui que les bancs de coquillage qui ont été découverts au sommet des Alpes proviennent des coquilles détachées du collet des pèlerins qui se rendaient à Rome (2). « Quel est aujourd'hui le savant, dit M. Férussac, qui, tout en admirant le génie de Voltaire, ne sourirait de pitié à ses arguments scientifiques contre la Genèse (3). » Enfin, il ne sait pas mieux la physique et la cosmographie. S'étant adonné à la physique, il publia une exposition des découvertes de Newton sur la nature de la lumière et le système du monde, intitulée : *Eléments de la philosophie de Newton mis à la portée de tout le monde.* Comme il s'était réservé cent cinquante exemplaires de cet ouvrage, il les fit distribuer à Paris aux principaux magistrats et à divers savants. L'abbé Desfontaines partant de là, ne crut pouvoir mieux critiquer l'ouvrage qu'en parodiant la fin du titre et en y substituant ces mots équivoques : *Mis à la porte de tout le monde.* Voltaire fut d'autant plus vivement blessé qu'il comprit la vérité de la critique (4). — Babil interminable, lourdes bévues, énormités inouïes, colossales sottises, impiété à faire brûler son homme, tels

(1) *Lettres de quelques juifs.* Petit Commentaire, XIII, XIV, XV, et XVI. Extrait, t. II. — (2) *Biographie universelle,* art. *Buffon.* — (3) *Bulletin des sciences,* 2e section, t. III, n. 203. —(4) Lepan, p. 34-35.

sont les traits saillants des écrits où Voltaire traite
des sciences. Mais qu'importait à Voltaire les plates
bouffonneries, les assertions mensongères, les gros-
sières erreurs, les balourdises dont fourmillaient ses
élucubrations ? Ayant pour but de vendre sa mar-
chandise, ne travaillant que pour l'argent comme les
épiciers, ou pour la gloire comme les poètes, il se
disait qu'il n'y a pas de sot métier, et il allait toujours en avant. Bref, Voltaire qui faisait le docteur
tranchant contre les croyants, se trouve aujourd'hui
un docteur retranché du nombre des savants.

Et ici, à propos du subterfuge de Voltaire, accu-
sant le prote des fautes dont il était l'auteur, je rappellerai que le célèbre Kilianus, qui s'acquit une certaine réputation dans les fonctions de correcteur
d'imprimerie, qu'il exerça pendant cinquante ans,
chez Plantin, ayant publié une courte apologie des
correcteurs contre les auteurs, un écrivain a fort
bien dit à l'occasion de cette apologie : « Nous ne
chargerons pas les imprimeurs ni les correcteurs de
toutes les fautes qui sont dans les imprimés. Ils ont
leur excuse sur les auteurs. Elles restent quelquefois
dans une édition par l'ignorance ou par la négligence de celui qui a composé l'ouvrage, ou qui a
entrepris de le faire imprimer. Il a donné une copie
peu correcte qui a été imprimée fidèlement, par conséquent, avec les fautes du manuscrit ; mais il ar-
rive que les doctes, qui jugent sans flatter, venant à
censurer ce qui mérite de l'être, alors on accuse celui
qui n'est point coupable, tout le mal ayant été fait
uniquement par l'auteur. Un fort habile correcteur,
dans l'imprimerie de Plantin, appelé Corneille Kilian,

a fait l'apologie des correcteurs contre les auteurs qui, après s'être trompés, faute de science et de lumière, et après avoir donné des copies peu correctes, ne laissent pas de s'en prendre aux innocents (1). »

Voltaire fut *un mauvais historien*. Il ne savait guère si bien dire quand il signait : *Le vieux malade et radoteur de Ferney*. (1er fév. 1775.) Ses écrits historiques sont avant tout des déclamations banales dans lesquelles il aboie sans cesse à la robe des papes, des évêques, des prêtres, des moines. Oubliant que la gravité, la dignité, la sincérité et la bonne foi sont les qualités de l'historien, ou il jacasse, ou il ricane, ou il travestit, ou il calomnie. Lisez les pamphlets sortis du réduit, ou si vous aimez mieux l'expression de Grimm, de la *manufacture* de Ferney, et retranchez-en les blasphèmes et les saletés ; il n'en reste rien, absolument rien. Quand on écrit l'histoire avec conscience, on cite les temps, les lieux, les auteurs, on cite l'édition, la page, la colonne, la feuille, le texte même, on puise aux sources. Est-ce là ce que fait Voltaire ? Non, au lieu de chercher la vérité, il ne court qu'après la plaisanterie et le sarcasme, citant des faits controuvés, des historiettes vieillies, n'ayant aucun souci de la saine critique sans laquelle on donne le faux pour le vrai, aucun souci de l'érudition sans laquelle les œuvres historiques n'ont pas de poids. Positif en affaires et pour rassembler des écus, il cesse de l'être en histoire pour rassembler les textes et les faits ; il y a plus : il se rit de l'éru-

(1) Chevillier, *Origine de l'imprimerie de Paris*, p. 203.

dition, disant « qu'il lui suffit d'intéresser et de charmer son lecteur, » que « quand on écrit pour amuser le public, il ne faut pas être si scrupuleux à ne dire que la vérité, » — qu' « il importe beaucoup d'être lu et très-peu d'être cru (1). » La maxime dans laquelle il érige le mensonge en théorie est trop connue pour que je la cite en prose, je la rappellerai donc en vers.

> Quelque grossier qu'un mensonge puisse être,
> Ne craignez rien, calomniez toujours.
> Quand l'accusé confondrait vos discours,
> La plaie est faite et quoiqu'il en guérisse,
> On en verra du moins la cicatrice.

C'est la parole antique : *Calumniare fortiter, aliquid adhærebit.*

Voltaire fut *un mauvais philosophe.* Le considérerons-nous au point de vue dogmatique ? Excessivement léger, il a imprimé un caractère de légèreté à la philosophie. Rien de sérieux, rien de profond en lui. Ce qu'il trouve de mieux à faire, c'est de poursuivre d'amères invectives, d'atroces railleries, le christianisme en dehors duquel il n'y a pas de vraie philosophie, parce qu'il est la vérité totale ; c'est de populariser en France Pope et Locke dont il ne rougit pas de dire : « Locke est l'Hercule de la métaphysique qui a posé les bornes de l'esprit humain (2). » En séparant l'homme de Dieu, il le fait retomber sur lui-même et de là sur la matière. On croit commu-

(1) Lepan, p. 112. — (2) 15 juillet 1768, à M. Valpole.

nément que si Voltaire attaqua la religion révélée, il respecta du moins la religion naturelle avec ses deux grands dogmes, l'existence de Dieu et l'immortalité de l'âme. Or, il n'en est rien, c'est là une erreur, car tout en prônant la religion naturelle pour l'opposer au christianisme, il en faisait bon marché lorsqu'il s'expliquait intimement à ses amis. Dès le 10 octobre 1736, il écrivait à Berger qu'il trouvait *« charmant que l'on imprimât que l'âme est mortelle. »* Le 23 avril 1773, il écrivait à Mme Necker ces paroles qui ôtent tout voile et lèvent tout doute sur sa pensée : « Je m'arrange assez philosophiquement pour ce grand voyage dont tout le monde parle sans connaissance de cause. Comme on n'a point voyagé avant de naître, on ne voyage point quand on n'est plus. La faculté pensante que l'éternel architecte du monde nous a donnée se perd comme la faculté mangeante, buvante et digérante. Les marionnettes de la Providence infinie ne sont pas faites pour durer autant qu'elle. » Le 8 mai suivant, il écrit à d'Argental : « On ne vit point entre des peines présentes et un *anéantissement prochain.* » Enfin, le 26 novembre 1775, donnant sa parole d'honneur et se montrant aussi explicite qu'on peut l'être, parlant sans réserve et disant son dernier mot, il écrit à Mme du Deffant : « Voulez-vous que *je vous parle vrai ?* Mon département est l'abîme du *néant éternel* où je vais bientôt entrer. » Qu'importe que Voltaire soit un grand écrivain ? Qu'importe, si sa philosophie est détestable et subversive de tout ordre, de toute justice, de tout droit, de tout devoir ? Qu'importe, si elle n'est propre qu'à produire des ruines et des cendres ?

Le tout est-il d'écrire avec facilité, avec grâce, avec élégance ? S'est-on acquitté envers le genre humain parce que l'on a dit spirituellement des absurdités et des blasphèmes ? Ne faut-il pas toujours en revenir, quand on veut apprécier les hommes, au mot du poète :

La plus belle victoire est de vaincre son cœur.

Après avoir considéré Voltaire comme métaphysicien, le considérerons-nous comme moraliste ? Sa morale, loin d'être celle du renoncement à soi en faveur des autres, loin d'être la morale du dévouement et du sacrifice, n'est que la morale de l'intérêt, de la volupté, du plaisir, la morale de la brute. Voulez-vous être édifié sur ce point? Voici quelques-unes de ses maximes qui figureraient avec honneur dans la vie d'Epicure et que les sybarites auraient acclamées de toute la force de leurs poumons ? « Vivons au jour la journée. Levons-nous en disant : Que ferai-je aujourd'hui pour me procurer de la santé et de l'amusement (¹) ? » — « Je vous exhorte à jouir autant que vous pourrez de la vie (²). » — Tout est bon pourvu qu'on attrape le bout de la journée, qu'on soupe et qu'on dorme, tout le reste est vanité des vanités, comme dit l'autre (³). » — Il ne faut jamais rien négliger « de son plaisir, parce que la vie est courte (⁴). » — « Il serait très-doux de nous rassembler un petit nombre d'élus serviteurs

(1) 18 novembre 1761, à Mme du Deffant. — (2) A la même, 13 octobre 1759. — (3) A la même, 24 avril 1769. — (4) A l'abbé Moussinot, novembre 1737.

d'Apollon et du plaisir (1) ». — « Le plaisir est le but universel, qui l'attrappe a fait son salut (2). » Conséquent avec lui-même, fidèle à ses maximes, il se traitait comme un disciple de Sardanapale. Donnant ses commissions à l'abbé Moussinot, il lui disait dans cette même lettre que je viens de citer : « Ce qui suit est pour l'homme matériel, je vous prie en conséquence de lui faire acheter un bon fusil, une jolie gibecière avec appartenances, marteaux d'armes, tire-bourre et grandes boucles de diamants pour souliers, autres boucles à diamants pour jarretières, vingt livres de poudre à poudrer, dix livres de poudre de senteur, une bouteille d'essence au jasmin, deux énormes pots de pommade à la fleur d'orange, deux houppes à poudrer, trois éponges fines, deux pinces de toilette très-propres, enfin trois paires de pantoufles bien fourrées. » O Zénon, ô stoïcisme, où es-tu !

Voltaire fut *un mauvais libéral*. Quoiqu'en ait dit la fourmilière de ses adorateurs et de ses panégyristes, il n'eut ni le sentiment de l'égalité, ni le sentiment de la fraternité, sans lesquels on ne peut avoir l'amour de la liberté. Plein de mépris pour le peuple, il l'insulte avec une dérision amère. Il écrivait à Helvétius, 13 auguste 1762 : « Nous ne nous soucions pas que nos laboureurs et nos manœuvres soient éclairés ; » à Damilaville, 12 octobre 1764 : « La vérité n'est pas faite pour tout le monde, le gros du genre humain en est indigne ; » et à d'Argental, 27

(1) A Cideville, 19 janvier 1742. — (2) A Berger, 10 octobre 1736.

avril 1765 : « C'est à mon gré le plus grand service qu'on puisse rendre au genre humain de séparer le sot peuple des honnêtes gens pour jamais. On ne saurait souffrir l'absurde insolence de ceux qui vous disent : je veux que vous pensiez comme votre tailleur et votre blanchisseuse ; » et à d'Alembert, 4 juin 1767 : « Nous aurons bientôt de nouveaux cieux et une nouvelle terre, j'entends pour les honnêtes gens (les philosophes), car pour la canaille, le plus sot ciel et la plus sotte terre sont tout ce qu'il faut. A l'égard de la *canaille*, je ne m'en mêle pas, elle restera toujours canaille. Il faut qu'il y ait des *crapauds* (quelle aménité!), ils n'empêcheront pas les rossignols (quelle modestie!) de chanter. » En même temps qu'il insulte le peuple, il caresse les grands dont il se fait l'adulateur servile, le très-humble valet, le caudataire honteux, il s'attache à eux comme le vautour à sa proie. Il sait s'accroupir, s'étendre à plat ventre, prendre toutes les figures, jouer tous les rôles lorsqu'il s'agit pour lui de s'ouvrir une porte, d'obtenir quelque faveur ou quelque argent. Orgueilleux comme un paon, il est plat et rampant comme un ver ; il va même, adulateur d'antichambre, jusqu'à se traîner aux pieds de la du Barry, de la Pompadour, il va, quel Brutus ! il va jusqu'à donner à Louis XV, ce Sardanapale des temps modernes, le surnom de Trajan. Quant à lui, il veut être compté parmi les aristocrates, il se pare volontiers du titre de gentilhomme de la Chambre, et il met au génitif son nom de fantaisie. Mêlé à toutes les intrigues, il perdit de bonne heure, ou plutôt il n'eût jamais ce sentiment de la dignité humaine qui fait les cœurs fiers et virils, les grands caractères, les âmes vraiment nobles, que dirai-je ? les âmes courageuses qui, loin d'aller dans le sens où l'eau coule, savent lutter contre le torrent, au mépris de l'or, au mépris de l'opinion, au mépris des bonnes grâces du pouvoir, au mépris de la vie, mais à la grande approbation de Dieu et de la postérité.

S'il n'eut pas le sentiment de l'égalité, Voltaire n'eut pas non plus le sentiment de la fraternité. Vous demandez les preuves, les voici : « Excepté un petit nombre d'hommes à la tête desquels vous êtes, écrivait-il à M. de Formont, le 13 février 1735, *je ne fais pas grand cas* de mes confrères les humains. » Le 18 mars 1775, il appelle les animaux *ses confrères* (à M. Bourgelat), et malgré cela, il ne parle que d'humanité, que de la cause sacrée du genre humain. N'est-ce pas le lieu de rappeler ce mot de Palissot parlant des philanthropes :

> Pour moi je les soupçonne
> D'aimer le genre humain et de n'aimer personne.

N'est-ce pas ici le lieu de rappeler ce mot de V. Hugo caractérisant Arouet l. j. :

> Ce singe de génie
> Chez l'homme en mission par le diable envoyé.

Sans doute Voltaire mit à défendre les Calas et les Sirven une opiniâtreté rare, revenant sans cesse à la charge ; mais qui osera affirmer que c'est parce que l'humanité était en lui une passion ? Qui osera l'affirmer, s'il fait attention que Calas était protestant, qu'il fut condamné par le Parlement de Toulouse et mis à mort comme accusé d'avoir étranglé Marc-Antoine son fils, en haine de la religion catholique qu'il voulait embrasser et qu'il professait secrètement ? Qui osera l'affirmer, s'il fait attention que Sirven était calviniste et qu'il avait été condamné à mort sur l'accusation d'avoir noyé sa fille dans la crainte qu'elle ne prononçât des vœux dans un couvent ? Ne sommes-nous pas autorisés à croire que Voltaire le fit par haine pour la religion catholique ? N'y sommes-nous pas autorisés, si nous considérons ce que Voltaire écrivait à Damilaville, le 26 décembre 1762, à propos de l'affaire des Calas : « Il me paraît impossible à présent que le Conseil n'ordonne pas la révision, ce sera un grand coup porté au fanatisme. Ne pourra-t-on pas en profiter ? Ne coupera-t-on pas à la fin les têtes de cette hydre. » N'y sommes-nous pas autorisés si nous considérons ce qu'il ajoutait au même, le 5 mars de l'année suivante : « Je me flatte toujours que cette affaire des Calas fera un bien infini à la raison humaine et autant de mal à l'infâme, » idée sur laquelle il revient encore le 23 mars 1765, dans sa lettre à M. Desbordes, et le 29 avril suivant dans une nouvelle lettre à Damilaville. *Habemus fatentem reum.* Son amour apparent de l'humanité ne fut que la haine de la religion ; par là même, là où il n'y avait pas à haïr, il n'aimait plus. Ajoutez à tout cela que notre prôneur d'humanité imagina une machine de guerre très-meurtrière qu'il regardait, après l'invention de la poudre, comme le plus sûr instrument de la victoire, comme capable de détruire « en plaine, une armée de dix mille hommes avec six cents hommes et six cents chevaux. » Ajoutez à cela qu'il appelle sa découverte *un service rendu* (18 juin 1757 au duc de Richelieu). Ajoutez encore ces paroles ; « Il ne serait pas mal qu'on envoyât chaque jésuite au fond de la mer avec un janséniste au cou » (21 décembre 1767 à M. de Chabanon). Et encore « Les jésuites et les jansénistes continuent à se déchirer à belles dents, il faudrait tirer sur eux à balles pendant qu'ils se mordent (1). » C'est ce qui a fait dire avec autant d'esprit que de vérité : « M. de Voltaire qui se glorifiait d'avoir planté l'arbre de la tolérance ne s'est pas beaucoup empressé d'en goûter les fruits, semblable en cela à ces charlatans qui ne font jamais usage des remèdes qu'ils composent et dont ils ne cessent de prôner l'excellence (2). »

Enfin Voltaire fut *un mauvais homme*. Il nous est déjà permis de le conclure de ce qui précède, mais nous pouvons le confirmer par de nouvelles preuves. Voltaire eut-il ce caractère noble et digne, eut-il cette sincérité, cette franchise, ce courage de ses opinions sans lesquels on n'est pas véritablement homme ? Non, loin de là ; il est faux, hypocrite, patelin, tartufe comme il est harpagon ; il est poltron, sournois, lâche quand il y a quelque danger : c'est un chien *qui tantôt mord et tantôt lèche* (3), pour lui appliquer une de ses expressions. Après avoir blâmé Socrate de ce qu'il a hautement proclamé Dieu et attaqué l'idolâtrie, il ajoute : « Nos philosophes aujourd'hui sont plus adroits ; ils n'ont pas la sotte et dangereuse

____

(1) 26 janvier 1762, au comte d'Argental. — (2) Sabatier, *Les trois siècles de littérature française*, art. Nonote. — (3) 25 mars 1775.

vanité de mettre leurs noms à leurs ouvrages, ce sont des mains invisibles qui percent le fanatisme, etc. » (20 décembre 1768, à M. de Villevieille). Il dit ailleurs : « Je garde un silence prudent, et je ne m'étends que sur des sentiments qui doivent être approuvés de tout le monde » (13 juin 1768, au duc de Richelieu). — « Je ne veux point choquer d'aussi grands seigneurs que les préjugés » (8 janvier 1752, au président Hénault).

Ecrivant à d'Argental, 22 avril 1768, il se dévoile dans toute sa duplicité. Voici, en effet, quelques-unes de ses paroles : « Il faut que je rende le pain bénit en personne dans ma paroisse, je me trouve seul de ma bande contre deux cent cinquante consciences timorées, et quand il n'en coûte qu'une cérémonie prescrite par les lois pour les édifier, il ne faut pas s'en faire deux cent cinquante ennemis ; je me trouve entre deux évêques qui sont du XIVe siècle, *il faut hurler avec ces sacrés loups.* Il faut être bien avec son curé, fût-il un imbécile ou un fripon, *il n'y a aucune précaution* que je ne doive prendre. Soyez très-sûr que si je vois passer une procession de capucins, j'irai au-devant d'elle, chapeau bas, pendant la plus forte ondée ; puisque l'on s'obstine à m'imputer les ouvrages de gens qui ne communient pas, je veux communier, et si j'étais dans Abbeville, *je communierais tous les quinze jours.* » Fidèle à ces principes, on le voyait dans ce même Ferney, d'où il répandait dans toute l'Europe la bave de l'outrage et du blasphème contre le catholicisme, on le voyait aller tous les dimanches à la messe, afin de s'y laisser gravement encenser (à d'Alembert, 6 janvier

1761). Il était de ces hommes qui veulent avoir des amis partout, même en enfer, pour le cas où ils viendraient à y tomber. On sait qu'à la mort de Voltaire, à la suite de l'autopsie du corps, son cœur en fut extrait le 31 mai 1778, par l'ordre du marquis de Villette dans l'hôtel duquel Voltaire était descendu à son retour à Paris, et chez qui il mourut. Le marquis voulant que ce cœur fût sauvé de la destruction produite par la mort le fit mettre dans un vase de métal où se trouvait une préparation chimique propre à en perpétuer la conservation. Les héritiers de M. de Villette ayant regardé comme un devoir de rendre ce dépôt à l'Etat, l'Empereur Napoléon III voulut qu'un asile national fût donné dans la bibliothèque impériale au cœur de Voltaire pour qu'il appartînt désormais à la France (1). Tout cela est fort beau, seulement d'après ce qui a été dit, il y a un fait incontestable et qui rend la cérémonie un peu moins significative, c'est que Voltaire n'avait pas de cœur.

Tel fut Voltaire, que l'on a prétendu être l'honneur de la raison humaine. C'est un des plus vilains caractères que nous montre l'histoire. Sa vie tout entière dépose contre lui et forme le dossier le plus formidable qui ait jamais existé à la charge d'un malfaiteur. Elle nous le montre, en effet, effronté, envieux, vaniteux, intolérant, égoïste, poltron, escroc, menteur, libertin, fourbe, singe, tigre, en un mot pervers sous tous les rapports. Les épithètes les plus humiliantes que l'on trouve dans le dictionnaire suffisent à peine à le caractériser ; il réunit en lui seul

(1) *Moniteur*, décembre 1864.

la méchanceté des scélérats les plus abominables. Il est moins méchant et corrompu qu'il n'est la méchanceté et la corruption même. Il a fait autant de mal que Luther, si ce n'est plus ; aussi son nom est-il devenu un drapeau. En même temps que les hommes de désordre, d'insurrection et d'anarchie ont toujours été et sont encore aujourd'hui ses admirateurs et ses dévots, toutes les âmes généreuses et élevées l'ont abhorré et ont reconnu unanimement que sa biographie est la plus infime et la plus nauséabonde que l'on puisse lire ou écrire. On ne peut trop le stigmatiser, car le discours restera toujours au-dessous de la réalité, tant elle est étrange. Le génie du mal a atteint en lui des proportions tellement gigantesques, que l'on peut dire : Voltaire a persécuté le Christianisme, donc le Christianisme est bon, car si le Christianisme était mauvais, un homme aussi mauvais ne l'aurait pas persécuté, raisonnement que Tertullien appliquait à Néron (1). On a dit de certains hommes qu'ils ne devraient jamais mourir, on doit dire de Voltaire qu'il n'aurait jamais dû vivre. Il a démontré une fois de plus la vérité de cette parole de saint Grégoire-le-Grand : « Satan est le chef de tous les méchants et tous les méchants sont comme des membres qui s'agitent sous ce chef (2). » Lisez les invectives de saint Grégoire de Nazianze contre Julien et vous verrez que les traits les plus forts s'ap-

---

(1) Quales simus damnator noster ipse demonstra vit utique æmula sibi puniens. *Ad Nationes*, l. ɪ, n. 7. — (2) Certe omnium inimicorum caput diabolus est, et hujus capitis membra sunt omnes iniqui. *Hom·* xvɪ, *in Evang.*

pliquent à Voltaire qui, du reste, eut comme l'*apostat* la pensée de faire rebâtir le temple de Jérusalem pour donner le démenti à Jésus-Christ, et qui demanda à l'Impératrice de Russie, le 6 juillet 1761, de faire mettre la main à l'œuvre. Qu'importe que l'on puisse citer de Voltaire quelques traits de bienfaisance dictés par l'ostentation ou d'impérieuses convenances ? Caligula n'était-il pas généreux pour ses amis, et les voleurs de grands chemins ne se surprennent-ils pas quelquefois à faire l'aumône avec les dépouilles de leurs victimes ? Voyez, du reste, combien Voltaire est loin d'être à la hauteur des principes dont il fait sans cesse un si honteux étalage, une si menteuse profession de foi. Il accuse les prêtres et les moines d'immoralité et lui-même se plonge dans l'ordure ; il les accuse d'être des comédiens, et lui-même ne marche que couvert d'un masque ; il déclame contre les puissants de la terre et il ne rougit pas de leur tendre la main, de se faire mendiant près d'eux ; il donne à la religion chrétienne l'épithète d'infâme et en même temps il se confesse, il communie sans même déposer le jour de la communion sa plume licencieuse ; il accuse nos dogmes de n'être que des rêveries et il remplit ses livres de radotages ; il écrit en faveur de la tolérance et il se montre le plus intolérant des hommes. Voltairomanes, voilà votre idole, voilà votre oracle! Pavanez-vous, soyez fiers, placez Voltaire dans le temple des grands hommes, donnez ses œuvres comme prix dans vos lycées et vos colléges, acclamez-le comme une gloire de la patrie, comme un oracle. Oui, vous avez raison, trois fois raison, car le fait est unique ; jamais, non, jamais les Béotiens eux-mêmes n'eurent un tel oracle.

Comme confirmation du jugement qui vient d'être porté, écoutons les paroles d'un écrivain du XVIIIe siècle, qui connaissait les littérateurs et leurs livres : De grands talents et l'abus de ces talents porté aux derniers excès, dit l'abbé Sabatier ; des traits dignes d'admiration et une licence monstrueuse ; des lumières capables d'honorer son siècle et des travers qui en sont la honte ; des sentiments qui ennoblissent l'humanité et des faiblesses qui la dégradent ; tous les charmes de l'esprit et toutes les petitesses des passions ; l'imagination la plus brillante et le langage le plus cynique et le plus révoltant ; de la philosophie et de l'absurdité ; les variétés de l'érudition et les bévues de l'ignorance ; une poésie riche et des plagiats manifestes ; de beaux ouvrages et des productions odieuses ; de la hardiesse et une basse adulation ; des leçons de vertu et l'apologie du vice ; des anathèmes contre l'envie et l'envie avec tous ses accès ; des protestations de zèle pour la vérité et tous les artifices de la mauvaise foi ; l enthousiasme de la tolérance et les emportements de la persécution ; des hommages à la religion et des blasphèmes ; des marques publiques de repentir et une mort scandaleuse ; telles sont les étonnantes contrariétés qui, dans ce siècle moins conséquent que le nôtre, décideront du rang que cet homme unique doit occuper dans l'ordre des talents et dans celui de la société. Une admiration outrée lui a prodigué autant de louanges que le zèle et la bonne critique ont enfanté de censures contre lui... Malgré tant de disparates capables de faire ouvrir les yeux, tout ce que cet écrivain a pro-

duit a été accueilli, cru, préconisé ; il est devenu l'i-
dole de son siècle et son empire sur les esprits fai-
bles ne saurait être mieux comparé qu'à celui du
grand Lama dont on révère, chacun sait, les plus vils
excréments (1). »

(1) Sabatier. *Les trois siècles de la littérature
française*, art. Voltaire.

II

ROUSSEAU, VOILA MON MAITRE

Si le philosophe de Ferney s'est révélé à nous dans sa *Correspondance*, le philosophe de Genève s'est révélé, lui aussi, dans ses *Confessions* où il se met à nu et avoue ses crimes, non pour les pleurer comme saint Augustin, mais pour le vain plaisir de parler de lui et d'occuper la postérité de son importante personne. Ecoutons-le donc, il est croyable puisqu'*il rapporte le mal comme le bien* (préface), et convaincons-nous par quelques traits que ses *Confessions* loin d'être un livre agiographique, révélant un héros bien inférieur aux grands hommes de Plutarque, ou aux sages de Diogène Laërce.

Mis en apprentissage chez un graveur appelé Ducommun, Rousseau se met à voler de concert avec un compagnon, des asperges dans le jardin de Mme Verrat, à les vendre au marché et à faire de bons déjeuners avec le fruit de sa vente. Bientôt il pille la fruiterie de son maître lui-même qui le surprend en flagrant délit (1). Chez la comtesse de Vercellis, où il était entré en qualité de laquais, il commet un larcin dont il a la scélératesse d'accuser une domestique excellente qui avait toujours été fidèle à ses maîtres (2). A Lyon, chez M. de Mably, *environné de petites*

(1) *Conf.*, l. c. — (2) *Conf.*, l. ii.

choses volables, il s'avise, comme il le dit lui-même, de convoiter un certain petit vin blanc d'Arbois très-joli et dont quelques verres, que par ci par là il buvait à table, l'avaient affriandé. Comme ce vin était un peu louche, il se vanta de savoir coller le vin et on lui confia celui qu'il désirait si ardemment. Que fait-il alors ? Comment répond-il à la confiance qu'on lui a donnée ? « Je le collai et le gâtai, nous dit-il lui-même, mais aux yeux seulement ; il resta toujours agréable à boire et l'occasion fit que je m'en accommodai de quelques bouteilles pour boire à mon aise en mon petit particulier. Malheureusement, je n'ai jamais pu boire sans manger. Comment faire pour avoir du pain ? Il m'était impossible d'en mettre en réserve. En faire acheter par les laquais, c'était me décéler et presque insulter le maître de la maison, en acheter moi-même, je n'osai jamais. Un beau monsieur, l'épée au côté, aller chez un boulanger acheter un morceau de pain, cela se pouvait-il ? Enfin, je me rappelai le pis aller d'une grande princesse à qui l'on disait que les paysans n'avaient pas de pain, et qui répondit : *Qu'ils mangent de la brioche.* J'achetai de la brioche ; encore que de façons pour en venir là ! Sorti seul à ce dessein, je parcourais quelquefois toute la ville et passais devant trente pâtissiers avant d'entrer chez aucun. Il fallait qu'il n'y eût qu'une seule personne dans la boutique et que sa physionomie m'attirât beaucoup pour que j'osasse franchir le pas. Mais aussi quand une fois j'avais ma chère petite brioche, et que, bien enfermé dans ma chambre, j'allais trouver ma bouteille au fond d'une armoire, quelle bonne petite buvette je faisais là tout seul en lisant quelques pages de roman (1) ! » Comment trouvez-vous ces jolis petits détails de vie intime où nous voyons l'autobiographe Rousseau peint par lui-même ? Est-il bien édifiant ? Ne rappelle-t-il pas Voltaire volant des bougies chez le roi de Prusse ? Vous direz peut-être à la décharge de votre héros qu'il ne savait pas boire sans manger ; nous répondrons qu'il savait boire seul.

Rousseau, voilà mon maître. — Vous croyez peut-être que tout est dit, détrompez-vous, car quoi que nous ayons déjà beaucoup dit, il nous resterait encore beaucoup à dire si nous voulions tout dire. Que serait-ce si je voulais vous montrer Rousseau abjurant le protestantisme pour embrasser le catholicisme, et répudiant ensuite le catholicisme pour retourner à son vomissement ? Que serait-ce si je le montrais embrassant le catholicisme tout en sentant qu'il allait « *vendre sa religion* », qu'il « allait au fond de son cœur mentir au Saint-Esprit » par une « démarche intéressée (2) ? » Que serait-ce si je le montrais embrassant le protestantisme « en répondant bêtement oui et non (3) ? » Que serait-ce si je le montrais se plongeant dans toutes les turpitudes, vivant en concubinage avec Thérèse Levasseur, et cela par pur instinct sexuel, sans ressentir une étincelle d'amour pour elle ? Que serait-ce si je le montrais se considérant comme un membre de la république de Platon et, en conséquence, mettant ses cinq enfants aux Enfants-Trouvés, lui qui avait dit : « Celui qui ne sait pas

(1) *Conf.*, l. vi. — (2) Ibid., l. ii. — (3) Ibid., l. vii.

remplir les devoirs d'un père, n'a pas le droit de le devenir (1) ? » Tout cela est-il bien honorable pour lui ? Ici encore ne devez-vous pas baisser les yeux et rougir de vos héros et de vos sages qui n'ont pas craint de se dévoiler ainsi eux-mêmes, *intus et in cute,* selon l'épigraphe des *Confessions,* et qui, après de tels aveux et de telles infamies, ont prétendu avec le cynisme le plus révoltant qu'ils méritent le titre d'*honnête homme* (2).

Rousseau, voilà mon maître. — Non-seulement, Rousseau fut un annexeur, selon le style du jour, un hypocrite, un renégat et un libertin, il fut encore un sophiste. Ayant besoin d'un texte à la déclamation, il choisit tantôt un sujet, tantôt un autre, et écrivant au hasard, il tombe dans les contradictions les plus étranges. Il traite de l'éducation et il n'a pas le courage d'élever ses enfants qu'il envoie à l'hôpital. Il commence par faire l'apologie du suicide dans « un morceau qui donne appétit de mourir, » dit Voltaire à d'Argental (26 janvier 1761) ; puis il s'amuse à réfuter son apologie et finit par se donner la mort. Il prétend que Dieu n'a pas parlé et ensuite, dans des pages admirables, il prouve que l'Evangile est divin et que Jésus-Christ est Dieu dans toute la force de l'expression. Il fait sentir par les raisons les plus fortes l'horreur de l'adultère, puis montre la plus grande facilité à le pallier. Il dit que sans la religion on ne peut pas être vertueux et il veut qu'on ne parle pas de religion à quiconque n'a pas dix-huit

(1) *Conf.,* I, VIII. — (2) Ibid., l. XII, à la fin.

ans révolus, comme si l'on n'avait pas besoin d'être vertueux avant cet âge. Quelle valeur peut avoir un homme qui se dément à chaque instant et qui est le premier à démolir ce qu'il s'est efforcé d'édifier ? Ajoutez que d'un côté il passe son temps à écrire, et de l'autre il prétend que les lettres corrompent les peuples, que l'homme qui pense est un animal dépravé, que le sauvage est l'homme naturel, que les Patagons, les Hottentots, les Caraïbes sont nos maîtres, de telle sorte qu'il veut étouffer toutes les connaissances humaines et nous réduire au noble état de brutes. Tout cela a-t-il l'ombre de raison ? N'y a-t-il pas mille fois plus de bon sens dans cette réflexion de Bayle : « C'est une maxime de la dernière certitude que l'abus des bonnes choses ne doit pas en ôter l'usage. Puis donc qu'il est très-digne de l'homme de cultiver son esprit et que l'établissement des maîtres préposés à cette culture est bon, il ne faut pas l'abolir sous prétexte que quelques savants abusent de leurs lumières (1). »

N'y a-t-il pas mille fois plus de raison dans ce mot du poète :

Quelque mauvais que soit le milieu où nous sommes,
Nous nous sentons du moins hommes parmi des
[hommes.

N'y a-t-il pas mille fois plus de raison dans ce mot de Filangieri : « L'homme n'est pas créé pour errer dans les bois ; l'union sociale est aussi ancienne que l'existence humaine elle-même, et le sauvage isolé

(1) *Dictionn.*

n'est pas l'homme naturel, c'est l'homme dégénéré. »

Ah ! si un prêtre avait laissé tomber de ses lèvres ou de sa plume des absurdités semblables à celles de Rousseau, quelle pluie d'injures ! Quel torrent d'invectives ! Quelle avalanche de blasphèmes ! Quel *tolle* général ! Comme tout le guêpier des beaux esprits ferait retentir, à l'adresse du clergé, les épithètes de sot, d'ignorant, d'obscurant, d'arriéré, de rétrograde ! Mais c'est Rousseau le philosophe qui a parlé, silence ! Toutes ses paroles ne sont-elles pas mot d'Evangile ? Que reste-t-il à faire, sinon à louer, à admirer, à décerner une couronne académique. Que reste-t-il à faire, qu'à appeler rôtisseurs d'écrivains les polémistes qui réduisent à néant un tel corrupteur de l'esprit public.

Rousseau, voilà mon maître. — Voltaire, votre oracle, vous aurait dissuadé de prendre un tel homme pour le directeur de votre vie et le roi de vos pensées, car il a dit quelques mots aussi défavorables que piquants de vérité à l'endroit de son rival, ceux-ci entr'autres : « Son Héloïse me paraît écrite moitié dans un mauvais lieu et moitié aux petites-maisons (1). » — « J'ai reçu, Monsieur, votre nouveau livre (Discours sur l'inégalité des conditions) contre le genre humain. On n'a jamais *employé tant d'esprit à vouloir nous rendre bêtes* : il prend envie de marcher à quatre pattes quand on lit votre ouvrage, cependant comme il y a plus de soixante ans que j'en ai perdu l'habitude, je sens malheureusement qu'il m'est im-

(1) A Mme du Deffant, 8 auguste 1770.

possible de la reprendre et je laisse cette allure naturelle à ceux qui en sont plus dignes que vous et
moi (1). » — Voltaire appelait aussi Rousseau « Jean
qui mord, Jean qui vole, Jean qui calomnie, Jean qui
tue (2). » Vu toutes ces considérations, vous devez
renoncer à un tel maître, attendu que si vous conti-
nuiez à rester son Emile, vous seriez un homme par
trop mal élevé. Observons en passant que Voltaire
n'aurait pas eu le droit de reprocher à Rousseau son
suicide, car lui-même il a dit à l'apologie du suicide :
« Je trouve très-bon qu'on sorte dé sa maison quand
elle déplaît, mais je voudrais qu'on attendît au moins
huit jours, car personne n'est sûr de penser de la
même façon huit jours de suite sur ces choses-là (3)»
— Tel est Voltaire, tel est Rousseau, et cependant ce
sont là des hommes dont on a infligé le nom aux rues
de nos cités, comme ayant élevé le niveau de l'esprit public.

(1) A J.-J. Rousseau, 30 auguste 1755. — (2) A
Mme du Deffant, 10 auguste 1772. — (3) A Constant
de Rebecques, 9 auguste 1775.

III

LEURS DISCIPLES, VOILA MES HOMMES

Voulez-vous parler de Montesquieu ? Mais il n'a guère réussi dans son *Esprit des lois* qu'à faire de l'*esprit sur les lois*, selon le mot de Mme du Deffant rappelé souvent par Voltaire (1). Au lieu de chercher à réformer la loi humaine en la ramenant à la loi naturelle et à la loi divine, il trouve dans les influences locales la raison de tous les abus, la justification de tous les vices, comme si l'homme n'avait pas le devoir de s'élever, à l'aide de son intelligence, de sa volonté et de l'action divine, au-dessus du climat qu'il habite, de l'atmosphère qu'il respire, lui qui doit s'élever jusqu'à Dieu. Bien qu'il ait rendu hommage à la religion, il y a dans ses écrits un levain d'impiété et d'immoralité qui va souvent jusqu'à soulever le dégoût. C'est ainsi qu'il dit que l'homme a le droit de se tuer lorsque la vie lui devient un fardeau (2). C'est ainsi qu'il se désole de ce que les femmes ne passent plus successivement comme chez les Romains, dans les mains de plusieurs maris qui, dit-il, *en tireraient dans le meilleur parti possible* (3),

(1) A M. de Panckouke, 15 février 1777. — (2) *Lettres persanes.* Lettre 76. — (3) *Lettres persanes.* Lettres 116 et 117.

Le comte de Maistre s'est montré très-indulgent lorsqu'il l'a appelé *le plus profond des écrivains superficiels* (1), ce qui cependant n'est pas beaucoup dire, et Voltaire motivant longuement son jugement, avouait « qu'après l'avoir lu on ne sait guère ce qu'on a lu (2) »

Voulez-vous parler de Boulanger, d'Helvétius, de Lamettrie, du baron d'Holbach, de Lamarck, de Diderot et de leurs confrères. Mais tous ces illustres docteurs ont vécu d'athéïsme et de matière, et n'ont su, en traversant la vie, que blasphémer Dieu et pervertir les âmes, nous présentant le monde physique comme le terme exclusif auquel aboutit fatalement l'âme humaine. Boulanger, ingénieur des ponts et chaussées, est un des encyclopédistes les plus mal famés. Herder, le jugeant, met ces paroles sur les lèvres d'un des interlocuteurs : « L'ouvrage de Boulanger doit vous être connu et vous devez savoir qu'il fait découler toutes les idées religieuses des inondations du déluge et de la crainte du renouvellement de semblables désastres. — « Laissons dormir cet homme en paix, lui répond l'autre personnage, il était chargé de l'inspection des ponts et chaussées, sa philosophie devait par devoir d'état être tout aquatique. Ses livres sont si mauvais, son érudition est si incertaine, son imagination est si confuse, qu'on peut sans injustice comparer tout ce qu'il a dit et écrit aux eaux du déluge (3) Helvétius n'a mis que de

(1) *Soirées*, etc. — (3) 15 mars 1767. — (3) *Histoire de la poésie des Hébreux*, dialogue II.

la matière dans son livre qu'il intitula : *De l'Esprit*. Tous les ouvrages de Lamettrie, que ses malades, sans doute, n'occupaient pas beaucoup, sont au jugement du marquis d'Argens, d'un homme « dont la folie paraît à chaque page et où le vice s'explique par la voix de la démence (1). » Diderot nous représente Lamettrie comme un auteur « dont on reconnaît la frivolité d'esprit dans ce qu'il dit et la corruption du cœur dans ce qu'il n'ose dire ; dont les sophismes grossiers, mais dangereux par la gaîté dont il les assaisonne, décèlent un écrivain qui n'a pas les premières idées des vrais fondements de la morale, dont le chaos de raison et d'extravagance ne peut être regardé sans dégoût et dont la tête est si troublée et les idées à tel point décousues que, dans la même page, une assertion sensée est heurtée par une assertion insensée. » Puis, rappelant que Lamettrie mourut d'une indigestion, il ajoute : « Il est mort comme il devait mourir, victime de son intempérance et de sa folie, il s'est tué par ignorance de l'état qu'il professait (2). » Le baron d'Holbach n'eut guère d'autre mérite que celui de fournir assidûment, pendant quarante ans, de petits soupers à ses amis les philosophes, à tel point qu'on lui écrivit d'Italie : « La philosophie dont vous êtes le premier maître-d'hôtel, mange-t-elle toujours d'aussi bon appétit (3) ? » *In me psallebant qui bibebant vinum.*

(1) *Traduction d'Ocellus Lucanus.* — (2) *Essai sur les règnes de Claude et de Néron.* — (3) *Biographie universelle,* art. d'Holbach.

Ils me ricanaient le verre à la main. Quant à Diderot dont les écrits sont remarquables par leur obscurité, l'abbé Sabatier a eu raison de dire : « On a décidé depuis longtemps que nous étions dispensés de le comprendre parce qu'il est évident qu'il ne s'est pas toujours compris lui-même. » Puis, citant à ce propos le mot d'un académicien : *Je ne crois pas que ceux qui sont inintelligibles soient fort intelligents* ; il ajoute, toujours parlant de Diderot : « Nous ne dirons rien de la *Lettre des Aveugles*, ni de celles sur les sourds, qui semblent faites pour n'être ni lues ni entendues (1). » Lamarck, que l'on a appelé le Linné français, a prétendu que l'homme descend d'un marsouin se fendant la queue (2), que nous venons d'un *singe* dont le nez s'est allongé par un rhume de cerveau (3). Quant aux collègues de ces profonds penseurs, ils ont dit tantôt que l'homme n'est qu'un animal mammifère qui a quatre extrémités dont deux se terminent en main ; tantôt, que si le sabot d'un cheval se changeait en main humaine, on verrait le cheval disputer à l'homme l'usage de la raison et l'empire de la terre. N'est-ce pas là méconnaître la grandeur, la dignité et les prérogatives de notre nature ? N'est-ce point là nous avilir ? N'en est-on pas réduit à se demander si ce n'est pas perdre son temps que de lire des écrits où fourmillent de telles extravagances, et à répondre affirmativement ? En vérité, si la philosophie voulait honorer un de ses

(1) *Les trois siècles de Littérature française*, art. Diderot. — (2) *Philosophie zoologique*, t. ii, 445. — (3) *Considérations sur les êtres organisés*, t. II.

sages, chaque jour de l'année, ne verrait-on pas sur son calendrier des noms fort peu honorables, des noms qui ne sentent pas très-bon?

Leurs disciples, voila mes hommes. Voulez-vous parler de d'Alembert et des encyclopédistes? Mais le monument qu'ils élevèrent n'est qu'une Babel ou confusion, un pêle-mêle dans lequel se fait remarquer une absence complète d'unité, de telle sorte que nul aujourd'hui ne voudrait frapper à cette porte pour entrer dans le temple auguste de la vérité. C'est un tombeau dans lequel sont ensevelis pour jamais une multitude de noms obscurs. On fit appel pour la construction de l'édifice à tous les hommes qui, en France, cultivaient les sciences, les lettres et les arts : naturalistes, mathématiciens, astronomes, physiciens, chimistes, médecins, chirurgiens, architectes, peintres, sculpteurs, antiquaires, magistrats, négociants, cultivateurs, manufacturiers, mécaniciens, publicistes, théologiens, afin que chacun traitât de l'objet particulier de ses études. Qu'est-il arrivé? *Parturient montes, nascetur ridiculus mus?* Les auteurs ont une si vive tendresse pour leurs écrits, que les encyclopédistes sont sans doute des témoins non suspects s'ils déposent contre l'Encyclopédie. Or, ils furent les premiers à la dénigrer. Diderot disait: « L'Encyclopédie fut un gouffre où des espèces de chiffonniers jetèrent pêle-mêle une infinité de choses mal vues, mal digérées, bonnes, mauvaises, détestables, vraies, fausses, incertaines, incohérentes, et toujours disparates. » Voltaire, qui avait mis toutes ses espérances dans l'Encyclopédie, disait:

« L'Encyclopédie est bâtie moitié de marbre, moitié de boue (1). » Enfin, d'Alembert a ajouté : « C'est un habit d'arlequin où il y a quelques morceaux de bonne étoffe et trop de haillons (2). » Le fruit de la science n'a pu mûrir au souffle desséchant de l'incrédulité. Et cependant c'est de d'Alembert, le rédacteur du *Prospectus encyclopédique*, qu'on a osé dire que s'il eût vécu du temps de Diogène, qui cherchait un homme, la lanterne à la main, en plein midi, le philosophe cynique, transporté d'admiration en le voyant, et jetant là sa lanterne :

> Plus content qu'Archimède, et d'un ton élevé
> Cent fois aurait redit : Enfin, *je l'ai trouvé !*

Quelques écrivains affirment qu'il y a dans l'Encyclopédie quelques bonnes pages, mais il vaut mieux les croire sur les paroles que de la lire jusqu'au bout pour en décider.

Leurs disciples, voila mes hommes. Voulez-vous parler de M. Cousin qui est l'auteur de philosophie rationaliste le plus considérable de ce siècle. Vous augurez peut-être que son nom sera prononcé dans les siècles futurs avec ceux de Platon et d'Aristote ? Détrompez-vous. D'abord, le célèbre professeur manque d'originalité par cela même qu'il est éclectique ; car qu'est-ce qu'un éclectique, sinon un raisonneur qui, n'étant rien par lui-même, se fait le très-humble disciple de tous les maîtres ? Qu'est-ce, sinon ce qu'on l'a défini, un voleur habile à effacer sur l'objet

______

(1) 12 mars 1758, au comte d'Argental. — (2) A Voltaire, 22 février 1770.

volé les marques du propriétaire ? Ajoutez à cela que M. Cousin a dit des choses ineffables. Un exemple entre mille. Parlant du système des gnostiques, il a écrit ces lignes curieuses : « Cette théodicée est *entièrement profonde*, il faut une longue étude pour en *apprécier les beautés*, on ne voit pas facilement ce qui manque à cette théodicée ; cependant elle *renferme dans son sein une erreur fondamentale* (1). » Jamais homme n'entassa tant d'erreurs dans si peu de mots. Ne suit-il pas de là, en effet, qu'une théodicée qui renferme dans son sein une *erreur fondamentale est entièrement profonde* ? et qu'en conséquence il y a de la profondeur dans l'erreur ? Ne suit-il pas de là que l'erreur a des beautés insignes, puisqu'il faut une *longue étude pour les apprécier*, et cela quoi qu'en ait dit Platon, que le beau est la splendeur du vrai, paroles qu'aurait dû connaître un traducteur de Platon, un homme qui devait écrire un livre sur le Vrai, le Beau et le Bien ? Ne suit-il pas encore de là que la vérité est à peine saisissable à l'homme et que l'intelligence est presque vouée à l'erreur et au doute, puisque *l'on ne voit pas facilement* ce qui manque à une théodicée qui *renferme dans son sein une erreur fondamentale*, comme si le bon sens ne voyait point que, par là même qu'elle renferme une erreur radicale, il lui manque la vérité ? Quel tohu-bohu ! Est-ce par de semblables puérilités que M. Cousin prétend démontrer que la raison est *la lumière des lumières, l'autorité des autorités ?* Si le

(1) *Cours d'histoire de la philosophie,* t. i, p, 316.

nom du philosophe éclectique, célèbre en son temps, va jusqu'à l'avenir, les générations futures, en apprenant que de telles billevesées ont été enseignées en plein XIX° siècle, avec la morgue et l'arrogance d'un matamore, par un ministre de l'instruction publique, les générations futures auront-elles une bien haute idée de notre siècle si fier de lui-même? Croiront-elles qu'il se soit toujours éclairé à la lumière de la raison pure? L'histoire de la philosophie de M. Cousin ayant été mise à l'index, on a fait à ce sujet ce petit quatrain dont il est inutile de nommer l'auteur, puisqu'il porte toute sa force en lui-même.

> Victor Cousin, je bénis ton martyre
> Et cet *Index* qui défend tes écrits.
> Il nous aurait bien plus punis
> En nous ordonnant de les lire.

Disons, toutefois, pour nous acquitter envers la vérité et pour être juste, que M. Cousin a eu le bon esprit de revenir de ses anciens errements, dans son livre du Vrai du Beau et du Bien, où il se montre philosophe spiritualiste, croyant, non plus à un Dieu panthéistique, mais au Dieu personnel du genre humain et de l'histoire, où encore il se montre grand admirateur du Christianisme, quoique cependant il ne fasse pas encore l'acte de foi. Il a dit, en effet, dans cet écrit : «.Le Christianisme est inépuisable, il y a des ressources infinies, des souplesses admirables; il y a mille manières d'y arriver et d'y revenir; parce qu'il a lui-même mille faces qui répondent aux dispositions les plus diverses, à tous les besoins, à toute la mobilité du cœur. Ce qu'il perd d'un côté, il le regagne de l'autre, et comme c'est lui qui a produit notre civilisation il est appelé à la suivre dans toutes ses vicissitudes. Ou bien toute religion périra dans le monde, ou le Christianisme durera, car IL N'EST PAS AU POUVOIR DE LA PENSÉE DE CONCEVOIR UNE RELIGION PLUS PARFAITE (1). » M. Cousin avait déjà dit : « N'écoutez pas ces esprits superficiels qui se donnent comme de profonds penseurs, parce qu'après Voltaire ils ont découvert des difficultés dans le Christianisme : vous mesurerez vos progrès en philosophie par ceux de la tendre vénération que vous ressentirez pour la religion de l'Evangile (2). »

LEURS DISCIPLES. Voulez-vous parler des autres écrivains qui, au XIXe siècle, ont fait plus ou moins de bruit ou de poussière? De M. Michelet par exemple? On sait que c'est un historien poète qui aurait dû monter Pégase plutôt que de chercher à rédiger les annales de son pays, œuvre qui demande un esprit positif, ce qu'il n'est pas. En effet, tout ce qui est en rapport avec les idées qui le préoccupent est douteux ou faux. Il se prend pour la règle vivante de la vérité et de l'erreur ; puis, mesurant à sa mesure et les hommes et les choses, il rejette impitoyablement tout ce qui n'est pas selon lui. Il accueille comme une bonne fortune, il raconte avec une satisfaction marquée tout ce qui peut être défavorable au catholicisme qu'il hait cordialement. Au lieu de s'in-

(1) X^e *leçon*, page 253 Paris 1865. — (2) *Ibidem, Avant-Propos*, p. 9. Cf. surtout. *Leçon XIX.*

cliner devant l'histoire, il veut forcer l'histoire à s'incliner devant lui, c'est la logique renversée. Comme Voltaire, il bafoue, il travestit, il dénigre, il souille les figures les plus nobles et les plus pures, il insulte à toutes les vérités parce qu'il a tous les paradoxes dans la tête ; comme les harpies, il salit tout ce qu'il touche. Loin de discuter, de prouver, il débite pour toute raison des injures et des sarcasmes, ce qui n'est pas un procédé tout à fait bénédictin ; il tient bureau de calomnie et fait de ses écrits un arsenal de mensonges ; il n'a ni la critique judicieuse, ni l'érudition saine qui donnent du poids à un ouvrage. Chacun de ses livres est une campagne contre le clergé. L'Eglise n'a rien fait qui vaille. Gloire et honneur à Manès, à Julien, à Mahomet, à Abailard, à Luther; sans eux le sacerdoce qui a sauvé le monde, l'aurait perdu, et le genre humain serait dans la nuit. On peut appeler bon nombre des pages de cet auteur « un fatras abominable qu'on ne peut lire sans avoir pitié de la nature humaine, » pour employer les expressions de Voltaire parlant de Zoroastre.

Voulez-vous parler de MM. Taine, Littré, Comte et compagnie. Ils sont panthéistes, matérialistes, athées, ce qui, au fond, est la même chose ; car panthéisme, matérialisme, athéisme, sont trois erreurs qui s'impliquent et qui s'engendrent. M. Taine nous enseigne gravement que « la vertu et le vice sont des produits comme le sucre et le vitriol. » M. Littré, tentant d'expliquer l'esprit par la matière, la pensée par la sensation, macule du matérialisme le plus grossier un *Dictionnaire* qu'il croit retoucher. Et si vous voulez avoir un échantillon du savoir faire de M. Comte, voici qu'on trouve dans la *quatrième* édition du calendrier positiviste, et ce qui est appelé par son auteur : « La solennelle idéalisation du Grand Être, » c'est-à-dire de l'*Humanité*.

CULTE ABSTRAIT DE L'HUMANITÉ.

LIENS fondamentaux.	1er mois. L'humanité. 2e mois. Le Mariage. 3e mois. La Paternité. 4e mois. La Filiation. 5e mois. La Fraternité. 6e mois. La Domesticité.	Fêtes hebdomadaires de l'Union. { Occidentale. / Nationale. / Provinciale. / Communale.
ÉTATS préparatoires.	7e mois. Le Fétichisme. 8e mois. Le Polythéisme° 9e mois. Monothéisme.	
FONCTIONS normales.	10e mois. La Femme ou la vie active. 11e mois. Le Sacerdoce ou la vie contemplative. 12e mois. Le Prolétariat ou la vie active.	Fêtes hebdomadaires. { La Mère. / La Sœur. / L'Epouse. / La Fille.
	13e mois. L'Industrie ou le pouvoir pratique.	Fêtes hebdomadaires. { Banque. / Commerce. / Fabrication. / Agriculture.

Les jours de la semaine, dans la religion positiviste, seront ainsi nommés :

Lundi	Maridi.
Mardi	Patridi.
Mercredi	Filidi.
Jeudi	Fratridi.
Vendredi	Domidi.
Samedi	Matridi.
Dimanche	Humanidi (1).

(1) Cité par Mgr Dupanloup : *Avertissement à la jeunesse et aux pères de familles.*

M. Comte n'a-t-il pas admirablement tenu compte, dans cette page, de ces paroles de M. Renan : « Les religions devant représenter de la manière la plus complète toutes les faces de l'esprit humain, et le *burlesque étant un des aspects sous lesquels nous concevons la vie*, le burlesque est un élément essentiel de toutes les religions (1). » Et, cependant, voilà ce que l'on appelle tracer les linéaments de l'édifice religieux et social de l'avenir. Est-il besoin, je le demande, de réfuter de telles rêveries? Ne portent-elles pas leur réfutation en elles-mêmes? Ne suffit-il pas de les exposer pour en faire justice?

Enfin, voulez-vous parler de M. Renan, qui mérite une mention toute spéciale, puisqu'un certain monde a poussé à son endroit, jusqu'au délire, un engouement factice? Pesons-le.

Examinerons-nous M. Renan au point de vue de *valeur intrinsèque de son œuvre*? Pour tout homme qui connaît l'alphabet des questions traitées par lui, il ne peut être placé dans le calendrier des écrivains sérieux, et cela par la raison toute simple, d'un côté, que le vrai doit être la base de toute œuvre historique et philosophique, et, de l'autre, que *la Vie de Jésus*, je ne parle que de cet écrit là, est un tissu qui a la tromperie pour trame, un roman tout farci d'assertions qui n'out d'autre source que son imagination vagabonde de chevalier errant au pays de l'erreur. En effet, M. Renan ne tient pas même compte des Evangiles qu'il a sous la main et qui

(1) *Etudes d'histoire religieuse*, p. 65.

sont, vu le sujet qu'il traite, la première source à laquelle il doit puiser ; il ne s'en sert que comme d'une occasion de mentir. A chaque page on peut le prendre en flagrant délit d'altération. Ses errements sont de véritables faux en Ecriture ; car, feignant de ne pas voir ce qui est contenu dans le livre divin, il lui fait dire le contraire de ce qui est dit. Ne serait-ce que pour sa réputation d'écrivain, pour l'honneur du parti, par respect pour ses lecteurs, M. Renan devrait, du moins, donner des semblants de preuves afin de conserver les apparences de savant ; mais non, tant la haine l'aveugle, il nie l'évidence et cela si effrontément que, par sa manière, il décèle un écrivain qui ne sait plus ce que c'est que rougir. Par là même il ne mérite pas une place honnête dans la république des lettres et ne peut être mis, non pas pour l'esprit mais pour l'impiété, qu'à côté de Voltaire, qui ne se contentant pas de mentir, érigeait le mensonge en maxime de conduite. Nous n'hésitons pas de l'affirmer, et cela sans crainte d'être démenti par les vrais savants, un livre du genre de la *Vie de Jésus* est une dérision de la critique, une dérision de la science, une dérision de toute tradition, puisque la tradition chrétienne est la tradition élevée à sa plus haute puissance. Lisez cette œuvre, puis pressez-la pour faire sortir le contenu du contenant, il n'en sort rien, absolument rien, à part le blasphème, *Sunt verba et voces prætereaque nihil.* Elle ne peut être comparée qu'à elle-même. M. Renan se donne comme un vrai critique, à côté duquel les critiques des siècles passés

n'étaient que de crédules enfants ; il a beau dire, il
y a non pas critique, mais passion, aveuglement,
légèreté d'esprit, quand on se fait l'historien du passé
avec le parti pris de tout nier, de tout dénigrer, de
tout travestir, de tout démolir. Nous disons donc que
comme savant, M. Renan ne mérite d'autre place
dans le temple de la critique, que celle qu'occupent
dans le temple chrétien, ces griffons, ces chimères,
ces singes, ces satyres, ces figures grotesques qui
représentent Satan remplissant les plus bas offi-
ces, et rôdant autour de l'Eglise sans pouvoir y entrer. Si l'oracle de Delphes, qui déclara Socrate le
plus sage des hommes, rendait encore des réponses,
et qu'on le consultât pour savoir quel est le plus
mince de nos savants, il nommerait M. Renan,
qui ne sera jamais, malgré ses efforts pour se donner de l'importance, qu'un aboyeur secondaire. Nul
doute que si un dramaturge faisait des tragédies ou
des comédies qui n'eussent pas plus de valeur que
son écrit, il serait impitoyablement accablé par les
spectateurs et ne recueillerait qu'un concert de sif-
flets pour juste châtiment, ou, si vous aimez mieux,
pour juste récompense de ses pauvretés. En cher-
chant à jeter le décri sur le christianisme, M. Renan
n'a réussi qu'à se décrier lui-même ainsi que l'école
dont il est le coryphée et le porte-étendard, et qui le
tient pour son prophète, pour son oracle, pour un
astre à nul autre pareil. Quand on veut classer son
œuvre, on ne sait par quelle épithète la caractériser. Les mots de faible, de médiocre, de passable,
de pauvre en disent trop peu, on se dit : c'est nul et

l'auteur est une nullité scientifique. Que dis-je? *Il est au-dessous de rien*, pour employer une expression de Labruyère. Pour se convaincre que ce jugement, loin d'être trop sévère, n'exprime que l'exacte vérité, il suffit de mettre en regard deux livres : l'un, la *Vie de Jésus*, et l'autre, l'*Evangile*.

Examinerons-nous l'œuvre de M. Renan au point de vue de *la source où il est allé s'inspirer*? Est-ce dans l'esprit français? Non, cet esprit est trop clair, trop précis pour inspirer une œuvre semblable à la sienne ; je dirai même que cet esprit est trop chrétien, comme a servi à le démontrer admirablement le livre de M. Renan, par l'avalanche de brochures mortifiantes, de livres sérieux sous laquelle son livre a été enseveli pour jamais. M. Renan s'est-il inspiré de lui-même ? Non, car il n'aurait pas été de taille à pousser aussi loin l'esprit de négation. Où donc est-il allé s'inspirer? à l'exemple de MM. Cousin, Littré et autres, il est allé s'inspirer dans la nuageuse germanie, ce qui n'est pas tout à fait allumer son flambeau aux rayons du soleil. C'est là qu'il a ramassé des armes abandonnées depuis longtemps à la rouille et qu'il fourbit avec soin de les faire passer pour neuves. Pauvre France! Au siècle dernier c'était l'Anglomanie, aujourd'hui c'est la Germanomanie! Pourquoi donc ne répudies-tu pas tous ces plagiaires et ne restes-tu pas toi-même, te livrant aux élans et aux inspirations de ton génie? Pourquoi te donnes-tu au troupeau servile des imitateurs, toi qui pourrais si bien, et accueilles-tu des écrits dans lesquels on ne trouve que des assertions sans preuves, des conclusions

sans principes, des tours de passe-passe recouverts
d'un vernis scientifique, ce qui ne rappelle pas mal
Arlequin donnant des leçons de gravité. Pourquoi
prônes-tu des livres qui ne peuvent tenir leur lecteur éveillé et dont on ne peut faire meilleur profit
qu'en les ouvrant au moment où l'on attend le
sommeil, afin de le faire arriver plus prompte-
ment.

Examinerons-nous le but de M. Renan? Il se propose
de détruire la foi au surnaturel. Par là, que fait-il ? Il
s'éloigne de Dieu, il se rapproche du fini qui est si
incapable de suffire à lui-même, il se rapproche de
la sensation, de la nature qui est au-dessous de lui
et dont le culte ne peut que le faire descendre. Par
là, lui qui a été baptisé, il rétrograde, il s'abaisse. Y
a-t-il bien lieu à se glorifier d'une telle œuvre. Y a-t-
il lieu à inscrire sur son drapeau : progrès ! avenir !
siècles futurs ! générations non encore nées !

M. Renan ira-t-il à l'immortalité ? Non, lui qui n'a
pas éclairé son siècle, parce que les ténèbres sont en
lui, n'éclairera pas davantage nos arrière-neveux, et,
après avoir fait un peu de bruit, il verra, pour peu
que la vérité et l'équité conservent encore d'empire, il
verra peser sur lui l'anathème attaché fatalement à toute œuvre de mensonge. La postérité se
montre sévère à l'égard des auteurs pour lesquels
les contemporains n'ont eu qu'un enthousiasme
aveugle et de commande, pour des livres qui, dépour-
vus des qualités essentielles, ont été surfaits et n'ont
pas mérité le bruit qui a lieu autour d'eux. Il faut

être fort pour se garantir des insultes du temps destructeur, et une prompte mort est la destinée de tout ce qui est faible. Il y a toujours eu et il y aura toujours une grande différence entre un succès de nouveauté et un succès durable, entre une grande réputation et un grand mérite. Loin d'acclamer M. Renan, l'avenir ne dira-t-il pas au contraire qu'il était bien frivole le siècle qui a adulé un tel écrivain, qui a fait fumer à son nez une si forte dose d'encens, qui l'a loué d'une manière si indiscrète, ne le prendra-t-il pas en pitié, disant :

Et jusques à Renan, tout trouva des lecteurs.

Quant à M. Renan lui-même, on pourra lui mettre pour épitaphe cès paroles connues :

Ci-gît un auteur très-prôné,
Qu'on crut tout droit conduire à l'immortalité ;
Mais sa gloire et son corps n'ont qu'une même bière,
Et quand Renan on nommera,
Dame postérité dira
Ma foi s'il m'en souvient, il ne m'en souvient guère.

Oui, voilà ce que l'on pourra graver sur sa tombe, si toutefois il se survit à lui-même ; car il pourra se faire bientôt qu'il ne soit pas plus connu que ces auteurs qui ne le sont que d'eux-mêmes et de leurs imprimeurs.

En vain, voudrait-on alléguer que M. Renan a été lu. Quoi de plus lu que les livres de cuisine et les almanachs?

En vain, voudrait-on alléguer qu'il a été acclamé.

Les acclamations de parti ne s'expliquent-elles point par ce mot du poëte :

> L'homme est de glace aux vérités,
> Il est de feu pour le mensonge.

En vain, alléguerait-on qu'on en a fait des éloges pompeux. Qui ne sait qu'il y a une multitude de livres dont jadis on a fait l'éloge et qu'on ne lit pas plus que les éloges eux-mêmes dont ils ont été l'objet ? Qui ne sait que ce qui fait vivre les livres longtemps, toujours, ce ne sont pas les éloges que l'on en fait, mais leur valeur réelle, mais leur mérite intrinsèque, mais l'éternelle et immuable vérité dont ils sont les interprètes et les propagateurs. Nous ne sommes pas prophète ; mais, sans l'être, à ne consulter que le cours naturel des choses, nous croyons pouvoir affirmer que l'oubli se chargera des écrits de M. Renan ; nous croyons pouvoir dire, en nous permettant d'employer une image mythologique, puisque la Vie de Jésus n'est qu'une fable :

> Le Lethé sur ses rives,
> Accueillera bientôt ses pages fugitives.

Déjà, maintenant, on ne relit M. Renan que quand on veut mieux le scruter pour mieux le réfuter. Qu'importe, du reste, l'immortalité, si l'on ne devient immortel que pour être honni par les siècles futurs ?

M. Renan prépare d'autres ouvrages qu'il s'est empressé d'annoncer et de promettre au public. Mais nous n'hésitons pas à le dire, s'il persévère dans la voie où il s'est engagé, il ne fera, en accumulant ses productions , qu'offrir davantage à la poussière du tombeau. Qu'il nous fasse donc grâce de ses manuscrits, qu'il les laisse dans les ténèbres et l'oubli, puisque les ténèbres et l'oubli sont leur destinée. Qu'il se retire dans le temple du silence. C'est là ce qu'il peut faire de mieux. Il faut savoir être moins jaloux de la multitude des volumes que de leur perfection. Et, s'il ne peut pas prendre ce parti que j'appellerai extrême , car quel sophiste ne caresse tendrement ses jeux d'esprit, du moins qu'il attende, pour les publier, après son trépas ; qu'il les mette sur son testament ; qu'il en fasse des œuvres posthumes, afin qu'il ne voie pas toutes ses vulgarités mourir avant lui.

Quant à la plupart des autres écrivains contemporains, que n'ont-ils pas dit ? Tantôt ils se sont constitués les apôtres des droits de la chair, comme si la chair n'était pas sans cesse portée à oublier ses devoirs; tantôt ils ont avancé, confondant le fait avec le droit, que le peuple n'a pas besoin de raison pour valider ses actes, c'est-à-dire qu'il peut agir déraisonnablement et malgré cela n'avoir pas tort ; tantôt ils ont dit que la loi est athée et doit l'être, comme si le dogme d'un Dieu rénumérateur et vengeur n'était pas commun à tous les cultes reconnus par l'Etat ; tantôt se courbant devant l'idôle du nombre, ils ont dit que les suffrages doivent se compter et non se peser, ce qui permet tout aux majorités en délire contre les minorités ayant raison ; tantôt ils ont dit que le prêtre doit être exclu de l'enseignement parce que

l'état est laïque, comme si le grec, comme si le latin, étaient plus laïques que clercs, plus clercs que
laïques. La plupart de leurs élucubrations sont d'une
lourdeur à communiquer un ennui trascendental, à
endormir, dès les premières pages, ceux-là mêmes
qui ont perdu l'habitude du sommeil, tant est
grande leur vertu soporifique. Le crédit qu'on leur
accorde est une des plus grandes preuves de la crédulité humaine. Voilà les disciples de vos oracles
et de vos maîtres ! N'est-il pas vrai de dire avec
un écrivain célèbre, que leur épouvantable médio-
crité sera bientôt l'inépuisable sujet des risées
européennes ? Allez donc, jeunes gens avides de savoir ; allez à leur école, mettez-vous au pied de leurs
chaires, suspendez-vous à leurs lèvres, soyez les te-
nants de leur philosophie, et nul doute que, quand
vous les aurez compris, vous ne soyez la lumière du
monde, le sel de la terre, ou des astres à la splendeur desquels l'humanité s'éclairera jusqu'à la postérité la plus reculée.

Il est vrai que les savants du siècle se prônent, se
glorifient et sont pleins d'admiration pour eux et pour
leurs œuvres. Mais qu'est-ce que cela prouve ? Le
proverbe allemand ne dit-il pas que le propre des
hommes petits, c'est de se dresser sur la pointe
de leurs pieds pour paraître plus grands ? Puis les
hommes ne s'abusent-ils point ? Les rabbins du moyen
âge ne disaient-ils pas que Dieu fait son occupation
habituelle, dans les profondeurs de son éternité, de
la lecture du Talmud ? Et si quelqu'un était ici tenté
de dire que les célébrités du siècle sont trop malme-

nées par nous, nous lui dirions : Quoi ces hommes ont le crédit, l'influence, l'autorité, ils s'attaquent au christianisme, à nos croyances les plus intimes, à nos convictions les plus chères, ils s'attaquent à la' religion de nos pères, à la religion que nous voulons transmettre à nos arrière-neveux, comme un héritage sacré, comme un patrimoine divin, n'est-ce pas un devoir pour le prêtre de les réduire à leur juste valeur et de les démonétiser ? N'est-ce pas un devoir pour lui de redire cette grande parole du grand saint Jérôme : Les chiens aboient en faveur de leur maître, ne saurai-je point, moi, aboyer pour Jésus-Christ ?

IV

LEUR CAUSE, VOILA MA CAUSE

Après avoir jeté un coup d'œil rapide sur les principaux représentants de la philosophie incrédule du siècle dernier et du siècle présent, jetons un coup d'œil d'ensemble sur l'incrédulité elle-même.

Les incroyants ont-ils une *science véritable* ? Non, puisque loin de livrer au Christianisme un combat en règle, ils n'ont recours qu'au persiflage moqueur, donnant une plaisanterie pour réponse, une bouffonnerie pour solution. Comme les Juifs qui ne savaient dire contre le Christ que ces paroles de haine : *Qu'on le crucifie, qu'on le crucifie*, ils ne savent dire contre le christianisme qui, cependant, après tous les bienfaits qu'il a semés sur le monde, mérite, selon le mot de Porus, d'être traité en roi, ils ne savent dire que ces paroles : *Écrasons l'infâme*. Citons quelques exemples. Qui oserait prétendre aujourd'hui que l'arche avait nécessairement des dimensions trop petites pour contenir Noé, sa famille et tous les animaux, lorsqu'il est démontré qu'on aurait pu y loger les contradicteurs, bien qu'ils forment toute une cargaison ? Qui voudrait aujourd'hui, admettre la *théorie de la terre* de Buffon, avec ses comètes qui enlèvent une partie du soleil, avec ses planètes vitrifiées et incandescentes qui se sont refroidies par degrés, avec ses êtres organisés qui naissent successivement à la surface de ces planètes, à mesure que leur température se refroidit ? S'il est juste de dire avec Aristote que le vrai savant doit se garder de la légèreté des opinions : *Oportet scientem a levitate opinionum alienum esse* (1), qui voudrait regarder comme de vrais savants des hommes qui, pour vouloir expliquer l'univers sans Dieu, vont se perdre dans des imaginations vaines et des jeux d'esprit ? Aussi, si nous interrogeons les philosophes se jugeant eux-mêmes, nous voyons qu'ils ont toujours été loin, malgré leur esprit de coterie et de cabale, de se considérer réciproquement comme des capacités de premier et même de second ordre. Voltaire, jugeant ses contemporains, disait : « Le siècle présent n'est presque composé que des excréments du grand siècle de Louis XIV (2). » Dupuis faisait cet aveu : « De nos jours, les philosophes sont moins crédules que le peuple, mais ils ne sont pas plus instruits (3). » Les paroles de d'Alembert sont d'autant plus remarquables qu'elles ont encore actuellement leur application : « On ne saurait se dissimuler que les principes du christianisme sont aujourd'hui indécemment attaqués par un grand nombre d'écrits. Il est vrai que la manière dont ils le sont pour l'ordinaire est *très-capable de rassurer* ceux que ces attaques pourraient alarmer. Le désir de n'avoir plus de frein dans les passions,

(1) *Analyt. post.*, l. ɪ, c. 2. — (2) 3 mars 1769, à Madame de Saint-Julien, — (3) *Abrégé de l'origine des Cultes.*

la vanité de ne pas penser comme la multitude ont bien plus fait d'incrédules que l'illusion des sophismes, si, néanmoins, l'on doit appeler incrédules ce grand nombre d'impies qui ne veulent que le paraître et qui, selon l'expression de Montaigne, tâchent d'être pires qu'ils ne peuvent (1). » Et certes, si le Christianisme n'était qu'imposture et superstition, comme le prétendent les adversaires, il pourra être combattu par les armes de la science. Pourquoi donc ne le combattent-ils pas avec de telles armes ? Pourquoi ne poussent-ils pas au moins jusque-là l'honneur du drapeau ? Par là même qu'ils reculent, ne sommes-nous pas en droit de conclure qu'ils n'ont rien de sérieux à opposer au Christianisme ? Par là même qu'ils recourent au mensonge, ne sommes-nous pas en droit de leur appliquer cette parole de saint Augustin : « Celui-là est vaincu qui ne veut pas répondre à des choses vraies ou par des choses vraies (2). » —Non, Bergier n'a pas exagéré quand il dit : « Pour être philosophe incrédule, il n'est besoin ni d'études, ni de travail. Quelques brochures suffisent pour endoctriner un jeune insensé, très-ignorant d'ailleurs. Pour croire quelque chose il faut avoir des preuves, pour ne rien croire du tout, il suffit d'être ignorant et opiniâtre (3). » Lors donc que les incrédules dogmati-

______

(1) *De l'abus de la critique en matière de religion.* — (2) Victus est veris qui respondere non vult. — *Serm.* 117, n. 7. — (3) Dictionnaire, art. *Incrédule.*

4.

sent contre le sacerdoce, ils sont aussi insensés qu'un homme qui, ignorant les mathématiques, écrirait contre les mathématiciens, ou qu'un homme qui, ignorant la philosophie, écrirait contre les philosophes, pour employer la comparaison de saint Thomas, il est souverainement digne de pitié (1). *Unusquisque suam exerceat artem.*

Les incroyants ont-ils l'autorité? Non, puisqu'ils n'ont pas de science et qu'ils ne peuvent en avoir. Quels sont, du reste, les grands principes généraux de la philosophie rationaliste? Les voici : L'homme ne doit pas croire à Dieu parce que Dieu ne se révèle pas; l'homme ne doit pas croire à l'homme parce que tout homme en vaut un autre : l'homme ne doit croire qu'à lui-même et à lui seul. Avec de tels principes qu'il n'y a pas de disciples possibles ; par là même il n'y a pas de disciples possibles, il n'y a pas de maîtres possibles; par là même qu'il n'y a pas de maîtres possibles, il n'y a pas d'autorité possible ; par là même qu'il n'y a pas d'autorité possible, il n'y a pas d'unité possible ; loin de là, il y a nécessité d'arriver à la lutte, à la dissolution, à la poussière et de faire des écoles de la philosophie autant de temples dédiés pour jamais à la discorde. Qui, du reste, voudrait écouter comme docteurs de la vérité des hommes qu'il est obligé de ré-

(2) Si quis enim imperitus hujus artis adversus mathematicos scribat, aut expers philosophiæ contra philosophos agat, quis non rideat? D. Thomas, *Opusc.* xix, c. xi.

pudier comme ennemis de la vertu? Qui voudrait prendre des leçons de penser juste auprès d'hommes qui ont mal vécu ? Qui n'est porté à regarder comme erroné ce qui est mauvais.

Les incroyants ont-ils l'*impartialité* ? Non, toujours non, la preuve en est qu'ils ont été constamment dominés par la haine qui est aveugle. Voyez-les plutôt à l'œuvre. Ils se sont attaqués à la Bible, et ils ne se sont pas attaqués au Talmud, au Koran, au Védam, qui renferment tant de puérilités, tant de sottes erreurs dont il faudrait désabuser le genre humain. Ils se sont attaqués à saint Ignace établissant la Compagnie de Jésus et ils ont eu des fleurs et des couronnes pour le père Enfantin, pour Fourrier organisant le phalanstère. Ils ont exalté les philantropes qui, trop souvent, hélas ! ont exploité l'humanité en faisant mettre à l'encan et en achetant à vil prix le patrimoine du pauvre, et par la bouche de Voltaire, dans son *Siècle de Louis XIV*, qui est loin d'être toujours celui de l'histoire, ils se sont contentés d'appeler Vincent de Paul *un prêtre gascon, célèbre en son temps*. Ils ont pris fait et cause pour les guerres dont le but était la destruction de l'Eglise, et ils ont dit des croisades qui ont sauvé la civilisation européenne contre la stupidité musulmane, ils ont dit des croisades que leur grand résultat fut *La Jérusalem délivrée* ; ils ont dit encore par la bouche de Herder : «Faible et inutile triomphe puisqu'*à peine* les Croisades peuvent être un titre de gloire pour autre chose que pour le poème épique (1). » Tout cela n'est-il pas une preuve que

(1) *Idées sur la philosophie de l'histoire*, l. xix, ch. 2.

le camp des incroyants est le camp de la partialité ?
Combien Bourdaloue a frappé juste lorsqu'il a dit du
haut de la chaire, parlant d'eux : « Etre leur adhé-
rent c'est le souverain mérite, ne l'être pas c'est le
souverain décri. Si vous êtes dévoué à leur parti, ne
vous embarrassez pas d'acquérir de la capacité, de
la probité, votre dévouement vous tiendra lieu de tout
le reste ; caractère particulier de l'hérésie, dont le
propre a toujours été d'élever jusqu'au ciel ses fau-
teurs et ses sectaires, et d'abaisser jusqu'au néant
ceux qui osaient l'attaquer et la combattre. La manière des hérétiques était (elle l'est encore aujour-
d'hui de s'ériger eux-mêmes premièrement, puis
leurs partisans et leurs associés, en hommes rares et
extraordinaires. Tout ce qui s'attachait à eux devenait grand et le seul titre d'être dans leurs intérêts
était un éloge achevé. Il n'y avait parmi eux, à les
entendre, que des génies sublimes, que des prodiges
de science et de vertu (1). »

La poésie, d'accord ici avec la vérité, a dit aussi,
en parlant des incrédules, à un monarque :

> Oui, pour atteindre leur estime,
> Fût-on le plus grand des héros.
> Le prince le plus magnanime,
> Il faut marcher sous leurs drapeaux.
> Du jour plus pur qui les éclaire
> Il faut, empruntant le flambeau,
> De l'illusion populaire
> Fouler à ses pieds le bandeau.

(2) *Sermon sur l'aveugle-né.*

C'est sur cette règle infaillible
Que leur suffrage incorruptible
Fixe les honneurs et les rangs ;
D'un Julien fait l'apothéose
Et met au nombre des tyrans
Un Constantin, un Théodose.
De vos vertus, de vos bienfaits,
Ah ! qu'ils n'entreprennent jamais
D'écrire la brillante histoire.
Prince, fussiez-vous au-dessus
De Charlemagne et de Titus,
Je crains pour votre mémoire.

Devant les tribunaux humains on se fait un devoir de rejeter des témoignages qui seraient soupçonnés de partialité, ne devez-vous point par là même, au tribunal de l'histoire, regarder comme non avenues les dépositions de l'incrédulité qui est, contre le Christianisme, partiale jusqu'au fanatisme, jusqu'à l'aveuglement ?

Les incroyants ont-ils la *sincérité* ? Pas davantage. On connaît les principes et la conduite de Voltaire. Dans son *Dictionnaire philosophique*, qui est un véritable *Omnibus*, car on y trouve de tout, il n'a pas rougi d'écrire : « Distingue toujours les honnêtes gens qui pensent, de la populace qui n'est pas faite pour penser. Si l'usage t'oblige de faire une cérémonie ridicule en faveur de cette canaille, et si en chemin tu rencontres quelques gens d'esprit, *avertis-les par un signe de tête*, par un coup d'œil, que tu penses comme eux, mais qu'il ne faut pas rire (1). » Il écri-

(1) Art. *Blé*.

vait à Thiriot : « Le mensonge n'est un vice que quand il fait du mal, c'est une très-grande vertu quand il fait du bien. Soyons donc plus vertueux que jamais ; il faut mentir comme un diable, non pas timidement, non pas pour un temps, mais hardiment et toujours. » (1) Il écrivait à Damilaville : « Les grands politiques doivent toujours tromper le public (2). » Voltaire agissait conformément à ses principes. Il ne fut pas seulement léger, badin, *riant comme un démon ou comme un singe des misères de cette espèce humaine avec laquelle il n'a rien de commun*, selon la remarque de Mme de Staël, il fut hypocrite, fit de sa vie un mensonge perpétuel contre la vérité, et en imposa constamment avec toute l'effronterie de Satan lorsqu'il se présenta dans le paradis terrestre pour séduire nos grands ancêtres. — Si les incroyants ne se contentent pas de mentir, s'ils vont jusqu'à se couvrir d'un opprobre éternel en conseillant le mensonge, s'ils s'en font une arme, de propos délibéré, avec réflexion, par parti pris, n'insultent-ils point leurs lecteurs pour lesquels ils pensent que tout sera bon ? Ne foulent-ils pas aux pieds la loi naturelle qui fait un devoir de la sincérité ? Ne se condamnent-ils pas eux-mêmes, attendu que l'erreur seule a besoin du mensonge pour se défendre ? Ne rendent-ils pas hommage au catholicisme qu'ils avouent implicitement ne pouvoir être attaqué que par les armes déloyales de la calomnie ? Le crédit immense dont

(1) 21 octobre 1736. — (2) 4 février 1768, à Damilaville.

ils ont joui ne doit-il pas être considéré comme une des plus grandes preuves de l'imbécilité où tombe le genre humain quand une fois il n'accepte plus la direction divine ?

Les incroyants ont-ils été de *véritables esprits forts*, des disciples exclusifs de la raison pure ? Non ; car on peut dire ce que Senèque disait des philosophes de l'antiquité : *Incrédules, race très-crédule* (1). Ils sont prêts à croire à tout, excepté au surnaturel, et ce qui flatte leurs passions devient pour eux un dogme sacré. Que Bergier les a bien dépeints quand il a dit : « Ils nous accusent d'être crédules, dominés par le préjugé, asservis par l'autorité de nos maîtres ; nous leur répondons et nous leur prouvons qu'ils sont plus crédules que nous. Qu'un incrédule quelconque ait avancé, il y a cinquante ans, un fait bien faux, une anecdote bien absurde, un passage tronqué, falsifié ou mal traduit, une calomnie cent fois répétée, il n'en est pas moins copié par vingt auteurs qui se suivent à la file sans qu'un seul ait daigné vérifier la chose ni remonter à la source. Le lecteur peu instruit qui voit un essaim de philosophes affirmer le même fait ne peut se persuader que c'est une fausseté, il croit et contribue à son tour à en tromper d'autres, ainsi se forme leur tradition. Copier aveuglément Celse, Julien, les Juifs, les Sociniens, les déistes anglais, les controversistes de toutes les sectes, sans choix, sans critique, sans précaution ; compiler, répéter, extraire, affirmer ou nier au hasard parce

(1) *Philosophi, credula gens*, Quæst. nat. v, 26.

que d'autres ont fait de même, n'est-ce pas être cré-
dule ? Lorsque le déisme était à la mode, tout philosophe était déiste sans savoir pourquoi. Le plus
hardi a osé dire : *Il n'y a point de Dieu, tout est matière,* et a fait semblant de le prouver. A l'instant, la
troupe docile a répété en grand chœur : *Tout est matière, il n'y a point de Dieu* et a fait un acte de foi
sur la parole de l'oracle. Dès ce moment, il a été décidé que le déisme est une absurdité. Les plus incrédules en fait de preuves sont les plus crédules en
fait d'objections (1). »

Les incroyants ont-ils eu *la conviction, la certitude
dans leur incroyance?* Non ; leur carrière philosophique s'est terminée par le doute universel, lorsqu'ils
n'ont pas voulu ouvrir les yeux à la lumière de la
foi. Voltaire écrivait au duc de Choiseul, février 1766 :
« Il y a *soixante ans* que je cherche ce que c'est
qu'une âme, et je n'en sais *encore* rien. » Le 18 mai
1772, il s'expliquait plus explicitement encore à
Mme du Deffant : « Vous aimez la vérité, mais l'attrape
qui peut ; je l'ai cherchée *toute ma vie sans pouvoir
la rencontrer.* Je n'ai aperçu que quelque lueur
qu'on prenait pour elle, c'est ce qui fait que j'ai toujours donné la préférence *au sentiment sur la raison.*»
Le 19 avril 1773, il mandait à d'Argental : « Mon
corps souffre beaucoup, mon âme, *s'il y en a une, ce
qui est fort douteux,* vous est tendrement attachée
jusqu'à *la dissolution entière* de mon individu. » Enfin
il écrivait à d'Alembert : « Tout ce qui m'environne

____

(1) Dictionnaire, art. *Incrédules.*

est l'empire du doute et le doute est un état désagréable. Y a-t-il un Dieu tel qu'on le dit ? Une âme telle qu'on l'imagine ? des relations telles qu'on l'établit ? Y a-t-il quelque chose à espérer après le moment de la vie ? Tous les êtres sont-ils égaux devant le grand Etre qui anime la nature ? L'âme de Ravaillac est-elle égale à celle de Henri IV ? ou ni l'un ni l'autre n'aurait-il d'âme ? Que le héros philosophique débrouille tout cela, pour moi, *je n'y entends rien.* » Et d'Alembert de lui répondre le 30 du même mois : « Je vous avoue que sur l'existence de Dieu je ne vois que le scepticisme de raisonnable. *Qu'en savons-nous* est pour nous la réponse à presque toutes les questions de métaphysique (1). » J'ai prouvé ailleurs que, loin d'être certains contre le Christianisme, les incroyants sont heureux d'y recourir à leurs derniers moments, lorsqu'ils ne sont pas surpris par la mort ou circonvenus par leurs entours. En santé ils blasphèment ; à peine ont-ils le plus léger mal de tête qu'ils adorent. Après avoir vécu en libres-penseurs ils s'estiment heureux de mourir en chrétiens soumis. Montaigne nous apprend lui-même, que lorsqu'il était malade, son premier soin était d'appeler, non le médecin, mais son desservant. Sur le point de mourir il fit dire la messe dans sa chambre et expira les mains jointes au moment de l'élévation (2). Thomas, le célèbre académicien, mourut avec les sentiments d'un bon chrétien, malgré les

(1) 12 octobre 1770. — (1) *Biographie universelle.* Art. Montaigne.

concessions qu'il avait faites à l'esprit du siècle. Ducis nous a rendu compte de cette mort dont il fut témoin, en ces termes : « J'ai perdu mon cher Thomas hier à neuf heures, j'ai entendu la terre tomber et s'amonceler sur ce corps qu'animait une âme si vertueuse et si pure ; il est donc vrai, je ne le verrai plus. Une seule consolation me reste ; notre religion réunit ce que la mort sépare. Mon ami m'a laissé le souvenir de la fin la plus édifiante. Il s'est coufessé avec toute sa raison, son confesseur, qui est un ange de charité et de piété, l'a vu trois fois dans la même nuit, il ne peut en parler sans larmes. Il a reçu ses sacrements avec une résignation, une douceur qui nous faisait tous sangloter (1). « Quant aux incroyants qui ne reviennent pas à Dieu, ils ne peuvent mourir tranquilles dans leur incrédulité. Tronchin, quoique protestant, écrivait à Bonnet, le 20 juin 1778, en parlant de Voltaire : « Si mes principes avaient eu besoin que j'en serrasse le nœud, l'homme que j'ai vu dépérir, agoniser et mourir sous mes yeux en aurait fait un nœud gordien, et en comparant la mort de l'homme de bien à celle de Voltaire, j'ai vu sensiblement la différence qu'il y a entre un beau jour et une tempête... Je ne me le rappelle pas sans horreur la rage s'est emparée de son âme. Rappelez-vous les fureurs d'Oreste : *Furiis agitatus obiit* (2). »

(1) *Trésors de la poésie et de l'éloquence*, ou *Témoignages rendus à la religion et à la morale par les poëtes, les orateurs, les philosophes et les savants les plus célèbres*. 2 vol. in-12. Lille 1826. —
(2) Cité dans Nicolardot, ch, vi, n. 11.

Les philosophes ont-ils eu la *tolérance* ? Non. Le célèbre Grimm, qui se faisait gloire « de ne pas lire les drogues des philosophes parce qu'il en redoutait l'ennui, » disait : « Tous les grands hommes ont été intolérants et il faut l'être. Si l'on rencontre sur son chemin un prince débonnaire, il faut lui prêcher la tolérance, afin qu'il donne dans le piége et que le parti écrasé ait le temps de se relever par la tolérance qu'on lui accorde, et d'écraser son adversaire à son tour. Ainsi, le sermon de Voltaire, qui rebâche sur la tolérance, est un sermon fait aux sots, ou aux gens dupes, ou à des gens qui n'ont aucun intérêt à la chose (1) » Quant à Voltaire, nous avons déjà appris à le connaître sous le rapport de la tolérance. Il haïssait si cordialement les défenseurs du christianisme qu'il écrivait à Thiriot, le 5 décembre 1759 : » Il me semble qu'il faudrait faire une battue contre ces bêtes puantes ; un de mes plaisirs, dans mon petit royaume, est de tirer à cartouches sur ces drôles-là, sans les craindre, c'est un des amusements de ma vieillesse. » Le 26 janvier 1762, il écrivait à Damilaville : « C'est bien dommage que les philosophes ne soient encore ni assez nombreux, ni assez zélés, ni assez riches, pour aller détruire par le fer et par la flamme ces ennemis du genre humain, et la secte abominable qui a produit tant d'horreurs. »

Les incroyants ont-ils travaillé *au bonheur du*

____

(1) *Correspondance de Grimm,* 1er juin 1772, 1re partie, t. ii p. 242 et 243.

genre humain ? Non ; féconds pour le mal, ils ont été
stériles pour le bien. Où sont leurs frères de Saint-
Jean-de-Dieu ? leurs sœurs de charité ? leurs petites
sœurs des pauvres ? Où sont les hôpitaux qu'ils ont
bâtis ? les indigents qu'ils ont nourris ? les vieillards
qu'ils ont abrités ? Hélas ! à la fin du dix-huitième
siècle, alors qu'ils étaient tout, ils n'ont su que dé-
créter la vente des biens des hôpitaux et des pauvres,
en même temps qu'ils décrétaient la vente des biens
du clergé et des nobles, et ce qu'ils faisaient alors en
France, ils le font aujourd'hui ailleurs ; ils n'ont eu
de force que pour la destruction et la ruine. Que
vit-on au jour de leur triomphe ? On vit les rois dé-
trônés, les prêtres massacrés, les bonnes mœurs ou-
tragées, les honnêtes gens sacrifiés ; que dirai-je ? Dans
le culte infâme qu'ils tentèrent de substituer au culte
saint et sanctifiant de nos pères, ils eurent une prostituée pour déesse, l'échafaud pour autel, le bourreau
pour sacrificateur, l'innocence pour victime et les
cris d'une multitude ivre de luxure et de sang pour
hymnes et pour cantiques.

Les philosophes ont-ils eu le *succès* ? Sont-ils par-
venus à détruire le catholicisme ? Non encore. Depuis
Warburton qui avait fondé des sermons pour prouver
que le pape est l'antechrist et que l'église romaine
est la prostituée de l'Apocalypse, depuis Newvon qui
avait commenté l'Apocalypse pour tenter d'établir le
même mensonge, les philosophes ont vu leurs efforts
contre le Christianisme frappés d'impuissance. Ils
avaient rêvé sa ruine, ils y avaient travaillé d'un
effort suprême, ils comptaient sur le triomphe et

croyaient entrevoir le jour où leurs vœux seraient
enfin accomplis. Voltaire entr'autres n'avait cessé
de répéter que la superstition allait disparaître pour
jamais. Il écrivait : « Je finis toutes mes lettres par
dire : *Ecrasons l'infâme,* comme Caton disait toujours :
Tel est mon avis et qu'on brûle Carthage » (26 juillet
1762, à Damilaville). — « Poursuivez *l'infame,* je ne
fais pas de traité avec elle » (3 nov. 1762), au même.
Sentant le moment de l'épreuve s'approcher de plus
en plus et voyant les progrès de la raison, il ajoutait
avec bonheur : « Il a cent mains invisibles qui lan-
cent des flèches contre la superstition » (26 octobre
1768, à Mme du Deffant). — « Tous les yeux sont
éclairés, toutes les langues déliées, toutes les plumes
taillées en faveur de la raison » (21 décembre 1768,
à d'Argental). Et encore : « Il s'est fait dans l'esprit
humain une étrange révolution depuis 15 ans. Tous
les hommes d'Etat depuis Archangel jusqu'à Cadix
foulent anx pieds la superstition. Les jésuites son
abolis, les moines sont dans la fange. Encore *quelques
années* et le grand jour viendra après un si beau
matin » (2 mars 1769, à M. Gaillard). — « Dans
quelques temps on dira : « Il y a eu des jésuites »
(à Damilaville, 2 mars 1769). « Ces cuistres-là n'en
ont pas encore pour longtemps dans le ventre » (11
janvier 1768, à M. de Chabanon). Triomphe, Voltaire ;
triomphe, car le grand jour que tu hâtais de tes
vœux est enfin arrivé, les deux cités sont aux prises,
et c'est l'Eglise qui paraît devoir succomber. En effet,
grâce à un ramas de sophistes qui tient la France
sous sa pression et l'étreint sous ses griffes cruelles,

grâce à une pluie de livres qui sont toute une bibliothèque de calomnies, la religion est déclarée incom-
patible avec les idées nouvelles, comme si la sagesse
datait d'hier ; avec les besoins nouveaux de l'esprit
humain, comme si les besoins de l'esprit humain ne
se résumaient pas aujourd'hui comme depuis l'origine, dans le grand besoin de la vérité. On met à la
détruire un acharnement inouï chez les cannibales,
chez les mangeurs de chair humaine. Les bourreaux
ont succédé aux rieurs. En conséquence, les prêtres
sont condamnés à l'échafaud ou à l'exil ; les fidèles
sont déclarés traîtres à la patrie et immolés par hécatombes ; les mystères et les pratiques du culte sont
parodiés par des insulteurs de bas étage et couverts
de moqueries ; les biens de l'Eglise sont vendus à
l'enchère par des patriotes cupides ; ses temples sont
sécularisés, c'est-à-dire déclarés biens nationaux,
c'est-à-dire encore volés et transformés en écuries,
en corps-de-garde ; on va jusqu'à nier les droits de
l'Eternel. Un historien, abdiquant toute pudeur,
pousse l'audace jusqu'à monter dans la chaire de
Saint-Roch, et prenant Dieu à partie, nie son existence, le défie de se venger, en vomissant mille im-
précations, puis conclut de ce que Dieu ne le foudroie
pas qu'évidemment il n'y a pas de Dieu (1). Cinquante mille temples de la Raison couvrent la France.
La religion poursuivie jusqu'au plus intime du domi-
cile, jusque dans le sanctuaire de la famille, est
obligée de se réfugier dans les cœurs, partout c'est

______

(1) Laharpe, *du Fanatisme*, etc., n. xv

le règne du poignard et des assassins qui veulent épuiser ce qui reste de sang dans les veines du vieux cadavre. Que l'enfer tressaille d'allégresse ! Que Satan retrouve son antique empire et règne sur le monde, que le fruit de la Rédemption soit anéanti ! L'épreuve est décisive, solennelle ! Eh bien ! qu'a-t-on vu ? L'Eglise a-t-elle succombé ? A-t-elle péri au creuset des tribulations ? a-t-elle disparu pour jamais dans le naufrage universel ? Non, loin de là, elle a montré qu'elle savait encore, comme dans les premiers temps, souffrir et mourir pour renaître, et cette nouvelle épreuve n'a été qu'une nouvelle preuve de sa perpétuité. Simon meurt, mais Pierre est impérissable, tel a été une fois de plus le résultat de l'expérience. Aujourd'hui, en p'ein dix-neuvième siècle, dans le siècle des beaux esprits, des sophistes exercés, des blasphémateurs savants, aujourd'hui, le scepticisme est déconcerté, l'incrédulité est aux abois, la marée divine monte, le flot marche ; le catholicisme qu'on avait voulu tuer par l'indifférence pour lui, par la conspiration du silence, le catholicisme est toujours la pierre de contradiction, le point de mire sur lequel sont fixés les regards, la grande cause des épouvantements de l'impie, et du haut du Vatican le Souverain-Pontife peut dire à tous :

⸰ Regarde dans mes mains l'empire et la victoire,
et chacun peut répéter ces vers du poète s'adressant à l'Eglise :

> Avec ton chef à cheveux blancs,
> A toi seule est la dynastie,
> Que le temps n'ait pas engloutie
> Dans son fleuve de six mille ans.

Le vrai Dieu, le Verbe fait chair, le Christ qui avait dû céder un moment la place à l'Etre suprême avec lequel il n'a rien de commun, le Christ a repris son empire ; son sacerdoce s'offre à tous les regards comme une milice formidable à l'enfer visible et à l'enfer invisible, et cette France que, depuis cinquante ans, les fils des encyclopédistes s'efforcent de déchristianiser, cette France après avoir été ravagée par de nouveaux Vandales est toujours la France de Clotilde, de Pépin-le-Bref, de Charlemagne, de saint Louis, elle est toujours la fille aînée de l'Eglise. « Vous avez vu une forêt abandonnée à la cognée du bûcheron, dit M. de Montalembert, tout paraît mort, dévasté, stérile ; les vieux chênes sont tombés et leur feuillage desséché jonche le sol d'alentour, leurs grands bras dépouillés et dépecés, leurs troncs mutilés gisent à terre : rien n'est épargné et jusqu'aux jeunes rejetons qui croissaient à l'ombre de leurs ancêtres semblent entraînés dans la ruine commune, et cependant rien n'a péri. De ces cépées que la hache a découronnées, la sève et la vie vont jaillir de nouveau. Tout renaît, tout repousse, tout s'élève et reverdit ; au bout de quelques années vous repassez, vous retrouvez d'épais ombrages, une végétation féconde, partout la fraîcheur, la jeunesse, la beauté et l'impérissable témoignage de la vitalité dont Dieu a doté la nature. Ainsi, et plus vivace encore, renaît du sein déchiré, mais inépuisable de l'Eglise, la race invincible des serviteurs et servantes de Dieu (1). »

(1) *Des intérêts catholiques.* ch. II.

Les choses sont plus grandes et plus fortes que les
hommes. De même que les tempêtes, les tremble-
ments de terre, les pestes, les famines et les divers
fléaux ne peuvent détruire ni la nature ni l'humanité,
parce que l'humanité et la nature viennent de Dieu,
ainsi, les persécutions ne peuvent détruire l'Eglise,
parce que, elle aussi, vient de Dieu comme l'humanité, comme la nature. Il y a plus, ces persécutions
deviennent de nouvelles preuves de la divinité du
Christianisme, et leurs auteurs, sans s'en douter,
servent l'Eglise à leur manière. On s'est dit que le
Christianisme est bon puisqu'il a été attaqué par des
hommes pervers ; on s'est dit que, s'il était l'œuvre
de l'enfer, il n'aurait pas l'enfer pour adversaire, que
s'il favorisait les passions, on ne verrait pas les passions se liguer contre lui ; on s'est dit, en un mot,
que s'il n'était pas l'ensemble de toutes les vérités,
il n'aurait pas eu à combattre l'ensemble de toutes
les erreurs, contre les attaques insolentes des hérétiques, des rationalistes ou des pamphlétaires. Ajoutez
que les attaques ont provoqué d'éloquentes défenses
et que les sophismes par lesquels on a cherché à
obscurcir la doctrine chrétienne, ont donné à celle-ci
un nouvel éclat. Sans Ébion et Cérinthe qni niaient
la divinité de Jésus-Christ, nous n'aurions pas l'évan-
gile selon saint Jean. Sans Marcion nous n'aurions
pas une partie de Tertullien. Sans Pélage nous n'aurions pas une partie de saint Augustin. Sans Arius
nous n'aurions pas Athanase. Sans Celse nous n'aurions pas Origène *Contre Celse*. Sans Mahomet nous

n'aurions eu ni la *Somme contre les Gentils*, ni les glorieuses croisades ; de même sans les attaques de l'incroyance contemporaine nous n'aurions pas eu cette multitude d'apologies où l'éclat du style le dispute à la vigueur du raisonnement. C'est ainsi que les adversaires, contre leur intention, procurent à l'Eglise des avantages incontestables ; ils lui donnent occasion de développer la lumière de la vérité, d'exercer ses forces, et d'entretenir ainsi en elle-même le mouvement qui est le grand caractère de la vie religieuse comme de toute autre vie. Cette réflexion n'a pas échappé aux Pères. Saint Augustin a dit : « Les hérétiques, en agitant l'Eglise de Dieu par des questions, ont fourni l'occasion de mettre en lumière ce qui était latent (1). » Origène a remarqué aussi que si la foi n'était pas attaquée, elle ne serait pas autant examinée et élucidée, que les attaques l'empêchent de s'engourdir dans l'inaction et font qu'on lui donne le dernier coup de lime (2). »

Les incrédules, par leurs écrits, rendent au catholicisme, sous un certain rapport, le service que les oies rendirent jadis aux Romains du Capitole, ils sonnent l'alarme et éveillent les guerriers.

(1) Questionibus agitaverunt ecclesiam Dei, aperta sunt quæ latebant. *Enarrat in* Ps. 54, n° 22. Cf. *De verà relig.* v, n. 10. — (2) Ut fides nostra non otio torpeat, sed exercitiis elimetur. *In Num. Hom.* ix, n. 1. Cf. *C. Celse* iii. 13.

V

IL N'Y A PLUS DE RELIGION EN FRANCE

Vous le dites, mais les faits disent autrement, de telle sorte que votre assertion est purement imaginative et a pris naissance *en cet endroit de l'âme où se forment les fantômes*, comme dit Bossuet. Vous demandez des preuves, en voici quelques-unes qui mettent l'objection à néant.

Est-ce qu'il n'y a plus en France d'archevêques, d'évêques, de curés, de vicaires qui, chaque jour, livrent publiquement tous les combats que doit livrer une église militante ? Est-ce qu'il n'y a plus de religieux et de religieuses de toute vocation et de toute œuvre, de tout nom et de tout costume, qui forment dans l'Eglise comme une armée formidable, comme un bataillon sacré ? Est-ce qu'il n'y a pas en France des Bénédictins, des Dominicains, des Franciscains, des Jésuites, etc., etc., qui, loin de laisser l'herbe croître dans le sanctuaire, pour employer vos expressions, travaillent avec une activité toute apostolique à l'en extirper jusqu'aux dernières racines ? Est-ce qu'il n'y a pas en France des religieuses de la Visitation, de la Congrégation, de Saint-Charles, de Saint-Vincent-de-Paul, de Saint-Dominique, etc., qui se dévouent à tous les soins qu'entraînent l'éducation de la jeunesse ou le soulagement des malades, et dont la floraison dans le jardin de l'Eglise est si considérable, qu'elle est la terreur et l'épouvantement de l'impie ? Or, je le demande, le clergé séculier, le clergé régulier, la virginité chrétienne, tout cela n'est-il pas de la religion ?

Il n'y a plus de religion en France. — Est-ce qu'il n'y a pas en France des temples où les fidèles se réunissent en rangs serrés ? Des fonts sacrés dans lesquels l'humanité, au fur et à mesure qu'elle naît à la vie naturelle, vient chercher la palingénisie, c'est-à-dire la naissance à la vie divine ? Est-ce qu'il n'y a pas des confessionnaux dans lesquels les pécheurs viennent incessamment demander miséricorde et ensevelir leurs crimes dans un éternel oubli ? Est-ce qu'il n'y a pas des autels sur lesquels chaque jour est offert le sacrifice de la grande Victime qui a racheté le monde ? Est-ce qu'il n'y a pas des Tables saintes, auxquelles viennent s'asseoir de nombreux convives avides du pain des forts et du froment des élus ? Est-ce qu'il n'y a pas des chaires du haut desquelles retentit le clairon de la parole divine, et au pied desquelles se rassemblent des multitudes qui viennent s'éclairer à la lumière de l'Evangile comme à la plus grande lumière qui puisse éclairer la vie ? Est-ce qu'il n'y a plus de cloches qui, jetant dans les airs tantôt leurs accents lugubres et leurs notes funèbres, tantôt leurs éclatantes volées, remuent la fibre la plus intime de l'âme, et soulèvent vers le ciel les populations chrétiennes ? Est-ce qu'il n'y a plus de voix pour faire retentir les chants sublimes qui émouvaient l'âme d'Augustin dans l'église de Milan, lui faisaient verser des larmes d'attendrissement en attendant qu'il versât des larmes de repentir et contribuaient à enfanter le Platon chrétien ? Or, je le demande une deuxième fois, tout cela n'est-il pas de la religion ?

Il n'y a plus de religion en France. — Est-ce qu'il n'y a plus en France de livres, de journaux, de revues, dans lesquels toutes les calomnies sont dévoilées, toutes les ténèbres dissipées, tous les sophismes pulvérisés, dans lesquels on établit invinciblement que la *superstition,* loin d'être ennemie de l'examen, est non-seulement amie de la lumière, mais lumière elle-même ? Lorsque des scribomanes intéressés ont voulu, la plume à la main, s'attaquer dans notre siècle, à l'institution de la papauté, n'a-t-on pas vu tomber une pluie de plaidoyers éloquents, de thèses décisives en faveur de la justice et du droit ? N'a-t-on pas vu une explosion de la conscience chrétienne, tellement formidable que les adversaires s'ils ne sont pas devenus plus orthodoxes, sont devenus moins osés ? Or, tout cela, je le demande une troisième fois, tout cela n'est-il pas de la religion ?

Il n'y a plus de religion en France. — Quoi ! Est-ce qu'en France, le Christianisme n'est pas partout, et le long des chemins où l'on trouve la croix, et dans les académies, et dans les camps où l'on trouve des témoins du Christ, et dans la chaumière et dans la mansarde où l'on trouve les images de Marie et des saints, un cierge ou un rameau bénit ? Est-ce qu'il n'est pas dans les habitudes, à tel point que celui qui le jeudi soir a déclamé contre l'Eglise au sujet de l'abstinence, et fait trophée de ses déclamations, veut néanmoins manger maigre le lendemain ? Est-ce qu'il n'est pas dans les mœurs s'il n'est plus dans les lois ? Est-ce qu'il n'est pas dans la société réelle, s'il n'est plus dans la société officielle, depuis que l'on a voulu élever un mur d'airain entre les choses de la conscience et les choses de la politique ? Or, tout cela, je le demande une quatrième fois, tout cela n'est-il pas de la religion ? Pour prétendre, après ce simple exposé, qu'il n'y a plus de religion en France, ne faut-il pas avoir des yeux et ne point voir, des oreilles et ne pas entendre, des mains et ne pas sentir ? Ne faut-il pas, comme l'aveugle, nier le soleil en plein midi, ou, comme Pyrrhon, nier le mouvement ? Non ; quoiqu'on en dise, le peuple français n'est pas ce que se l'imaginent, du fond de leur cabinet, des savants qui ne sortent pas de leurs abstractions et de leurs formules, et dont l'horizon visuel ne s'étend pas au-delà de la page de papier qu'ils couvrent de leurs mensonges, et salissent de leurs calomnies. Non ; le peuple français n'est pas encore un peuple matérialiste et athée. Vous avez beau dire que les Dieux sont partis, les faits démontrent qu'ils ne sont pas encore en route ; vous avez beau dire que le scepticisme et l'indifférence à l'endroit du Christianisme se répandent de plus en plus, les progrès du Christianisme déconcertent et désespèrent tous les incrédules, et la question chrétienne est encore une question touchant laquelle on ne peut pas, alors même qu'on le voudrait, rester complétement indifférent ; elle est encore la question la plus vivante, la plus brûlante, la plus palpitante des questions de ce siècle.

Il n'y a plus de religion en France. — Non-seulement la France a encore de la religion pour son propre compte, ainsi que nous venons de le voir, mais elle en a à un tel degré, dans une telle mesure, si pleinement et si surabondamment, qne c'est pour elle un besoin sans cesse renaissant de la communiquer, de la répandre jusqu'aux points les plus extrêmes de l'univers. La diffusion de la vérité, la dilatation du règne de Dieu en Europe, en Asie, en Afrique, en Amérique, dans les îles, telle est la grande passion de son cœur. Elle se montre toujours ce qu'elle s'est montrée dès l'origine, la fille aînée de l'Eglise, le bras droit de la Providence, l'inspiratrice, l'âme et le grand instrument des œuvres rédemptrices, le généralissime et le porte-étendard des nations chrétiennes. Voyez plutôt. Par le denier de Saint-Pierre, par le sou de la Propagation de la foi et de la Sainte-Enfance, par l'héroïsme de ses vierges auxquelles nulle plage, si lointaine et si inhospitalière qu'elle soit, n'est inconnue, par l'héroïsme de ses martyrs, la France donne à la fois, pour la cause du Christ, et son or, et son dévouement, et sa vie. Pas un coin du champ du Seigneur qui ne soit arrosé des sueurs de quelqu'un de ses apôtres, ou du sang de quelqu'un de ses martyrs ; pas un point du globe sur lequel elle ne combatte, sur lequel elle ne meure, en la personne de quelqu'un de ses enfants, pour cette religion que l'on dit être morte dans son sein. Y a-t-il possibilité de prétendre qu'une religion pour laquelle

des français meurent chaque jour, soit une religion
morte en France ? Oui, on pourrait aujourd'hui, on
pourrait, comme on l'aurait pu dans les siècles de la
glorieuse Ligue, comme on l'aurait pu dans le siècle
de saint Louis, comme on l'aurait pu dans le siècle
de Charlemagne et de Pépin le Bref, comme on l'aurait pu au siècle de Clovis, en qui la France a été
baptisée tout entière, oui, au xixe siècle comme dans
tous les autres siècles, on pourrait écrire un livre
qui aurait pour titre : GESTA DEI PER FRANCOS : *Les
Affaires de Dieu par les Francs.* Aujourd'hui, comme
par le passé, la France est encore, ainsi que l'écrivait le pape Anastase : « La colonne de fer que Dieu
a élevée pour le soutien de la sainte Eglise, pendant
que la charité se refroidit partout ailleurs (1). » Aujourd'hui, comme par le passé, Dieu démontre par des
signes manifestes « qu'il veut que les conquêtes de
la France étendent celles de l'Eglise, » ainsi que l'a
dit Bossuet (2). O France, ò ma patrie, rassure-toi,
prends confiance et ne sois pas alarmée par les pré-
dictions funèbres des contempteurs de tes croyances
séculaires. Lorsque tu te consacres à la diffusion de
la vérité chrétienne par de si généreux efforts, par
de si héroïques sacrifices, lorsque tu es le bras droit
et l'épée de la Providence, Dieu ne permettra pas que
la lumière de la foi cesse de briller à tes yeux ; elle
sera à jamais ton héritage et la raison de tes splendeurs futures, comme elle l'a été de tes splen-

(1) Anast. ii. Ep. 2 *ad Clodov.* t. iv. Conc. col. 1282
— (2) *Sermon sur l'unité de l'Eglise.*

deurs passées : jamais tu ne deviendras ce que sont devenues ces contrées de l'Orient qui, lorsqu'elles étaient éclairées par le Christianisme, brillaient comme des astres au firmament et qui, aujourd'hui, sont à l'état de pétrification, à l'état de momie, à l'état de cadavre, que dis-je? qui loin d'être ténébreuses, sont ténèbres même, et pour lesquelles il n'y a d'espoir du salut que dans le retour à Celui qui a sur les lèvres les paroles de la résurrection et de la vie.

Il n'y a plus de religion en France. — Il est vrai qu'il n'y en a plus pour les libres-penseurs qui ont étudié tout, excepté le Christianisme qu'ils devraient étudier avant tout, puisqu'ils en dissertent ; ou qui ne l'ont étudié qu'avec un esprit prévenu, pour le combattre et en effacer jusqu'aux derniers vestiges. Il est vrai qu'il n'y en a plus pour les libres-faiseurs qui, ayant arboré le drapeau du fangeux Sardanapale et adopté la morale commode des Sybarites font consister leur bonheur suprême à se reposer dans un lit moelleux, à s'asseoir à une table bien servie. Il est vrai qu'il n'y en a plus pour ces hommes qui mettent leur sagesse à rire, à plaisanter de tout, ne comprenant pas même qu'il est humiliant pour notre nature, que l'esprit du grand nombre soit plus vivement frappé par une raillerie que par un raisonnement solide, par un bon mot que par la vérité. Il est vrai qu'il n'y en a plus, pour ces hommes qui, du haut de leur raison, se proclament les juges infailllibles du vrai, du beau et du bien, et prennent en pitié des croyances sublimes qui, depuis soixante siècles, ont conquis la foi, l'espérance et l'amour des générations ; ou pour ces esprits qui, dédaignant la vérité, font consister toute leur philosophie à dire :

Je ne décide pas entre Rome et Genève.

Mais de ce qu'il n'y ait plus de religion chez de tels hommes, suit-il qu'il n'y ait plus de religion en France ? Aucunement. Est-ce que par hasard les libres penseurs, les libres faiseurs et les libres rieurs seraient la France ? Est-ce que tel académicien serait la France ? Non ; et s'il m'était permis ici de donner un conseil à tel ou tel des quarante immortels, que beaucoup désirent toujours voir se réduire à trente-neuf, je l'engagerais à ne plus se livrer à des travaux stériles contre le Christ, mais bien plutôt à consacrer son temps et ses soins à revoir le Dictionnaire de l'Académie, qui, loin d'avoir toujours des définitions exactes, n'en a pas même toujours de bon goût. Comment, en effet, pour citer un exemple, ce dictionnaire définit-il le confessionnal ? Est-ce le siége sur lequel le prêtre est assis pour recevoir les aveux des fidèles ? Non. Est-ce le tribunal des âmes ? Non encore. Comment donc le définit-il ? Vous voulez le savoir, eh bien ! je vais vous dire. Il le définit une *niche*, ce qui n'est pas très-heureusement imaginé, attendu que les niches sont faites pour les saints ; tandis, au contraire, que les confessionnaux sont faits pour les pécheurs.

De ce que le soleil ne luise pas pour les aveugles. de ce qu'un grand concert ne dise rien à des sourds, vous vous gardez bien de conclure, soit que le soleil

considéré en lui-même, ne brille pas du plus vif éclat,
soit que ce grand concert ne soit point parfait ; ainsi,
de ce que le Christianisme ne dise rien à tel ou tel
homme qui est privé du sens religieux, du sens du
Christ, comme dit saint Paul, c'est-à-dire du sens
nécessaire pour saisir la vérité chrétienne, vous ne
devez aucunement contester la divinité du Christianisme. Quand, en présence du spectacle des triomphes de l'Eglise, qui sont d'autant plus admirables
que ce ne sont pas les triomphes de la force, mais
les triomphes de l'amour ; quand, dis-je, à ce spectacle, on voit des esprits myopes émettre cette assertion incroyable qu'il n'y a plus de religion en France,
ne croit-on pas entendre des hiboux affirmer, du
fond des ténèbres dans lesquelles ils se sont blottis
comme dans un asile sacré, que le soleil en plein
midi

> Est plongé dans l'horreur d'une éternelle nuit.

IL N'Y A PLUS DE RELIGION EN FRANCE. Quoi ! N'avez-
vous pas remarqué combien, en France, l'opinion est
devenue favorable à la cause du Christianisme. On
sait ce qui arriva à une époque qui n'est pas encore
très-éloignée de nous. L'Institut avait proposé, pour
sujet de prix, cette question : *Quelles sont les institutions les plus propres à fonder la morale d'un peuple ?* et Bernardin de Saint-Pierre, chargé du rapport,
avait été assez osé pour prononcer le nom de Dieu.
Qu'arriva-t-il ? Les uns le persifflèrent en lui deman-
dant où il avait vu Dieu et quelle figure il avait, les
autres s'indignèrent de sa crédulité, les plus calmes

lui adressèrent des paroles méprisantes. Bientôt on en vient aux insultes, et on le traite d'homme faible et superstitieux, on le menace de le chasser de l'Assemblée , on va même jusqu'à l'appeler en duel afin de lui prouver, l'épée à la main, que Dieu n'existe pas, et Cabanis, écumant de colère, s'écrie : Je jure qu'il n'y a pas de Dieu et je demande que son nom ne soit jamais prononcé dans cette enceinte. L'opinion était alors plus qu'anti-chrétienne, puisqu'elle était athée. Aujourd'hui, la religion chrétienne attire à l'odeur de ses parfums, captive par ses charmes divins, un grand nombre de disciples, et, chaque jour, l'histoire enregistre des retours inattendus, de nouvelles conversions. Se faire catholique, ce n'est plus sa dégrader et s'avilir, c'est s'élever, c'est s'honorer, c'est grandir l'estime publique, à tel point que bon nombre de ceux qui restent dans leur assoupissement disent qu'ils voudraient croire, que ce serait pour eux un bonheur d'avoir la foi, et gémissent en secret de ne pas l'avoir. Et pour preuve de ce retour favorable, voyez ce que sont obligés de faire actuellement, en plein XIX⁰ siècle, les beaux esprits, les fins politiques, les diplomates habiles. Ils en sont réduits à compter avec l'opinion catholique, témoin leur attitude dans ce que l'on a appelé la *Question romaine.* Ils ne se posent pas en adversaires, loin de là, ils s'intitulent *catholiques,* que dis-je ? ils s'intitulent *catholiques sincères.* S'ils s'attaquent à la souveraineté temporelle du Pape, c'est parce qu'elle n'est pas un dogme, car si elle était un dogme, ils se garderaient certainement d'y toucher,

que dis-je, ils la respecteraient et même, au besoin,
ils sauraient la défendre l'épée à la main. S'ils veulent un Pape qui soit pontife sans être roi, ce n'est
pas précisément dans le but avoué de s'emparer des
Etats pontificaux, car ils ont le sentiment de la pro-
priété et de la justice à un trop haut degré pour s'ap-
proprier un territoire qui appartient à deux cents
millions de catholiques ; ils ont une foi trop puissante à la force du droit, pour proclamer le droit de
la force : c'est, au contraire, pour le plus grand
bien du Souverain Pontife, c'est afin qu'étant libre
de tout souci, du côté des choses matérielles, il puisse
se livrer entièrement aux choses spirituelles ; c'est
pour lui alléger le fardeau, attendu que la main d'un
seul homme, l'expérience de tous les siècles le prouve,
ne peut porter en même temps le sceptre et la crosse ;
c'est pour l'affranchir et non pour l'asservir, car leur
programme est celui-ci : L'*Eglise libre dans l'Etat
libre* ; c'est pour le ramener aux temps primitifs qui
sont les temps de la perfection, par là même, c'est
pour réformer l'Eglise, c'est pour la rendre plus con-
forme au texte évangélique, à la parole du Christ, qui
ayant dit que *son royaume n'est pas de ce monde*,
a voulu par là même que sa religion n'eût rien de
temporel et qu'aucune possession ne pût être de droit
ecclésiastique ou de droit divin. Que dirai-je ? Ce
n'est pas pour réduire le Souverain Pontife à la fa-
mine, car ils lui assureront un revenu, une liste civile, et le Pape, sans préoccupation aucune, pouvant dire sa messe et son bréviaire sans distraction,
n'aura qu'à se présenter au ministère des finances de

toutes les puissances catholiques, un mandat à la main, pour être saturé d'or. Ce langage mielleux, ces attentions délicates, ces prévoyances si pleines de solicitude, cette bienveillance, ces révérences, cet intérêt bienveillant de la part des politiques qui en sont réduits à baiser la mule du Pape pour mieux le renverser, ne révèlent-ils pas la puissance de l'opinion catholique et la nécessité où l'on se trouve d'en tenir compte? Vous m'alléguez que c'est là de l'hypocrisie. Je vous répondrai? Qu'importe? puisque « l'hypocrisie est un hommage que le vice rend à la vertu, « selon la maxime de la Rochefoucauld.

Il n'y a plus de religion en France. Sans doute, et il faudrait être aveugle pour ne pas le voir, le Christianisme a à lutter contre une incrédulité audacieuse, qui ne respecte pas plus la religion naturelle qu'elle ne respecte la religion surnaturelle, qui outrage et dénigre : il a à réduire au silence des docteurs qui se permettent de lui donner des leçons de théologie, eux qui devraient accepter sa direction et son enseignement, et qui le représentent aux foules comme aveugle, entêté, oppressif, ennemi de la civilisation ; sans doute, il n'est plus autant qu'autrefois protégé par l'épée et le bouclier de la puissance temporelle. Mais ce fait même de l'existence d'une incrédulité furieuse, sert admirablement à renverser l'objection et à établir notre thèse. Si on attaque le Christianisme avec une rage frémissante, si on lui fait une guerre à outrance, une guerre d'extermination, tandis qu'on laisse vivre en paix tout ce qui n'est pas lui, n'est-ce point une preuve qu'aux yeux de ses adversaires, il est fort et puissant ? N'est-ce point une preuve qu'il n'est pas seulement, comme ses contradicteurs se plaisent à le dire, *une antiquité vermoulue, une curiosité archéologique, un dernier reste de la superstition ?* Ajoutez à cela que, dans ce siècle, l'Eglise a révélé dans les luttes qu'il lui a fallu soutenir une vigueur que ses adversaires ne lui soupçonnaient pas et qui a jeté dans leurs âmes des terreurs secrètes. C'est dans la guerre, c'est sous le feu de l'ennemi, c'est au plus fort de la mêlée que se montre la bravoure, que se signale le courage, que s'éprouve la force. Or, qu'a fait l'Eglise au plus fort de la mêlée? Elle est restée ferme, tandis qu'elle a vu tomber autour d'elle et rouler dans la poussière des dynasties appuyées, l'une sur quatorze siècles de tradition, l'autre sur cent batailles suivies d'autant de victoires, l'autre enfin, sur la puissance de tous les intérêts coalisés. Quand elle a vécu sous le régime du privilége, elle ne s'est pas laissé asservir ; quand on l'a persécutée, elle est sortie triomphante de la persécution ; aujourd'hui, qu'on l'a placée sous le droit commun, sous le régime de la liberté qu'on croyait devoir lui être funeste et mortel, elle continue à vivre, à tel point que ses ennemis, voyant que la liberté peut la servir, en ont été réduits à tout protéger contre elle, tant ils ont pu se convaincre de sa force et de sa vitalité divines. Semblable à Antée qui devenait plus fort lorsqu'il avait été terrassé, l'Eglise, en France, n'a paru être renversée que pour se relever plus vigoureuse. Considérez-la présentement, après que naguères elle a vu ses temples démolis, ses autels renversés, ses prêtres immolés, ses cloîtres vendus, sa doctrine bafouée ; elle est encore debout.

Si l'Eglise n'était pas combattue, on pourrait alléguer que, si elle subsiste, c'est parce qu'elle n'a point de lutte à soutenir, mais l'Eglise fait plus que subsister, elle résiste, elle reste ferme, bien qu'elle soit sans cesse agitée par la tempête et battue par l'orage. Ne faut-il pas, dès lors, en bonne logique, conclure qu'elle est soutenue par Celui qui tient l'univers suspendu au milieu de l'immensité et le supporte de sa main puissante. Ne faut-il pas conclure que sa force est la force même de Dieu ? Et ici, remarquez l'analogie entre ce que l'homme peut et ne peut pas à l'endroit de l'Eglise. Il peut quelque chose à la superficie, à l'extérieur de la terre, mais il ne peut rien à l'intérieur, contre ces terrains primitifs, ces masses granitiques qui sont comme les fondements qui la portent et constituent sa force et son indestructibilité. Ainsi l'homme peut bien troubler l'Eglise à la surface, mais il ne peut rien contre le fondement sacré sur lequel elle repose, contre son architecture céleste, contre le droit divin qui est son point d'appui inébranlable, puisqu'il est Dieu lui-même s'infiltuant dans le monde. Le passé de l'Eglise est garant de son avenir. Plus on immolera ses prêtres ou ses fidèles, plus elle fleurira, puisqu'elle a été établie par la mort de Jésus-Christ, affermie par la mort des apôtres propagée par la mort des martyrs, puisqu'elle a germé à l'ombre de la Croix. Trois siècles de persécution lui ont valu dix siècles de moyen-âge. Malgré les épreuves qui lui sont réservées, elle pourra redire

à jamais ce chant de triomphe, cet hymne à la victoire, qu'elle redisait déjà du temps de David : « Ils
m'ont souvent combattu depuis ma jeunesse, leurs
efforts ont été vains et stériles. » *Sæpe expugna-
verunt mea juventute mea, et enim non potuerunt
mihi* (1). Quiconque suit avec attention sa marche à
travers les siècles, reconnaît nécessairement qu'il y
a en elle une force qui n'est pas de l'homme, un travail de Dieu intervenant sans cesse pour la protéger
et la propager.

Il n'y a plus de religion en France. Laissons un
orateur éminent donner à cette objection une dernière réponse, afin qu'elle rentre pour jamais dans
l'oubli, et qu'il n'en soit plus question.

« Un jour, dit le P. Félix, des hommes sont venus
pour nous apporter un nouvel Evangile. Ils venaient,
disaient-ils, apprendre au XIXᵉ siècle *comment les
dogmes finissent.* Or, ce dogme qui allait finir, le voici
qui se pose, le voici qui s'affirme devant vous dans
l'invincible sentiment de sa vie, de sa force et de sa
puissance ; le voici sans contredit plus maître des
intelligences qu'il ne l'était à l'heure où retentissaient
ces prophéties insolentes, qui annonçaient à la fois
et la mort du dogme que nous prêchons, et les funé-
railles de l'institution au nom de laquelle nous par-
lons, et l'irréparable dispersion des disciples de la
doctrine morte, et de l'institution disparue. Oui, nous
tous catholiques, nous n'avions plus qu'à nous enve-
lopper du linceuil de la mort, à dormir notre éternel

(1) *Psalm.* cxxviii, 12.

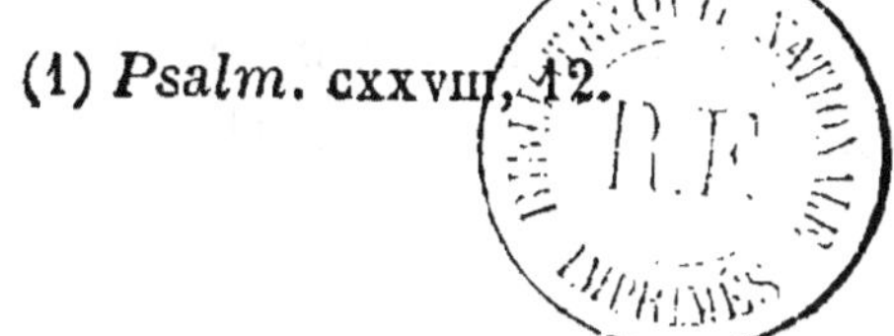

6

sommeil dans le sépulcre du dogme défunt, et dans les catacombes de notre histoire, sous les ruines de nos doctrines et de nos institutions. Nous voici, cependant, nous voici debout et fermes dans la vie. Il est vrai, on nous dit que nous sommes morts, mais nous sommes des morts qui parlent, des morts qui agissent, des morts qui se meuvent, des morts qui vivent. Nous sommes des morts, et, chose étonnante, on a peur de nous, plus peur que si nous étions vivants. Revenants de dix-huit siècles, nous donnons encore à ce siècle des peurs d'enfant, car il dit que nous allons l'envahir, le dominer, l'asservir, le dévorer, et il demande que l'on enlève ces cadavres qui l'empêchent de passer et qu'on chasse ces revenants qui l'empêchent de dormir. Qu'est-ce à dire ? Ah Messieurs ! c'est que, bon gré, mal gré, ici encore, le mensonge est obligé de se mentir à lui-même ; il dit que la doctrine se meurt, que l'institution s'écroule, et que nous sommes cadavres, mais un instinct plus fort que tout lui révèle que nous sommes vivants, que l'institution est vivante, que la doctrine surtout, la doctrine est vivante, oui vivante, vous dis-je, plus vivante que jamais, et comme telle, aujourd'hui et demain encore, capable de marcher à la tête de l'humanité pour la guider vers des perfections et des grandeurs toujours nouvelles. Que dis-je ? Non-seulement notre doctrine n'est pas morte, elle n'est pas même blessée ; il y a bientôt deux mille ans qu'elle passe sous le feu croisé et toujours ardent de toutes les erreurs ; il y a bientôt deux mille ans qu'elle reçoit jour par jour et heure par heure, toutes les flèches

aigues et souvent empoisonnées de toutes les doctrines anti-chrétiennes ; il y a bientôt deux mille ans
qu'elle est en butte, d'un bout à l'autre, aux traits
enflammés de toutes les passions et de tous les pervers instincts. Eh bien ! voici la doctrine entière,
forte, immaculée, invulnérable ; votre feu n'a pu l'at-
teindre, vos flèches ne l'ont pu blesser et vos traits
n'ont même pas su trouver le défaut de sa cuirasse.
Dans sa jeunesse, toujours renouvelée par le combat,
elle tient encore dans ses bras l'humanité qui vit et
qui grandit sur son sein, et elle l'emporte vers l'avenir, en disant avec le Verbe lui-même : *N'ayez pas
peur, je suis avec vous jusqu'à la consommation des
siècles* (1). »

Quelle ressource ! quel échappatoire, quel faux-
fuyant peuvent avoir les adversaires dans une thèse
où il n'y a pas seulement l'évidence historique, mais
où il y a encore l'évidence physique ? Je pourrais en
dire beaucoup plus, mais ce que j'ai dit suffit pour
qui a des yeux, et ce que je pourrais dire serait inutile
pour qui n'en a pas. Mettez des lunettes à un aveugle, en verra-t-il plus clair ?

(1) *Conférences de Notre-Dame*, année 1862, v^e
Conférence.

VI

ON NE DOIT PLUS CROIRE A D'AUTRES PRÊTRES QU'AUX PRÊTRES DE LA RAISON ET DE LA PHILOSOPHIE

Pulvérisons cette dernière objection et montrons qu'ici, comme partout, les allégations dans lesquelles les adversaires cherchent à se retrancher contre le Christianisme, loin d'être un refuge assuré, ne sont qu'une souricière dans laquelle ils se font prendre.

Jouffroy était un prêtre de la philosophie. Or, que fait Jouffroy vers la fin de sa carrière ? A-t-il confiance dans la philosophie ? Non, loin de là, il regrette la religion de ses pères, la religion de son enfance, qui donnait une réponse à toutes les questions et le rendait « tranquille sur le chemin qu'il avait à suivre en ce monde, heureux de ce bonheur que donne une foi vive et certaine en une doctrine qui résout tous les grands problèmes qui peuvent intéresser l'homme (1), » il est effrayé de se voir « seul avec sa fatale pensée, qu'il est tenté de maudire (2). » Que dis-je ? Las et fatigué de tous les livres qu'il a lus, il va jusqu'à faire l'éloge du catéchisme, dans lequel il trouve « une solution de toutes les questions qu'il a posées, de toutes sans exception (3). »

(1) *Nouvaux Mélanges philosophiques*, III-XI. — (2) *Ibid.* — (3) *Mélanges philosophiques*, p. 424-425, 2o édit.

Santa-Rosa, le chef de la révolution piémontaise, en 1721, ne voulut bientôt plus croire qu'aux seuls prêtres de la philosophie, et cela au mépris des croyances . de ses ancêtres, au mépris de cette foi qu'il avait sucée avec le lait. Or, que produisit dans son âme la doctrine prônée par les prêtres de la philosophie? Apprenez-le par ces paroles déchirantes qu'il écrivit à celui-là même qui l'avait perverti, à M. Cousin : « O mon ami, que nous sommes malheureux de n'être que de pauvres philosophes, pour qui le prolongement de l'existence n'est qu'un espoir, un désir ardent, une prière fervente. *Je voudrais avoir les vertus et la foi de ma mère; raisonner, c'est douter; douter, c'est souffrir.* Combien de fois, dans mon cabinet, je lève les yeux au ciel et je demande à Dieu de me révéler, et surtout de me donner l'immortalité. » — « Il m'est impossible d'appartenir tout entier aux nouvelles mœurs et à la nouvelle époque. » —« Oui, mon ami. il me faut une certaine superstition dans ma vie intérieure et dans mes affections (1).» Bientôt ne pouvant supporter des chagrins qui n'avaient plus de consolation, il s'en alla en Grèce pour y chercher la mort, et se fit tuer par les premiers Turcs qu'il rencontra (2). Voilà les faits.

Devez-vous acclamer si haut, contre le catholicisme, les prêtres de la philosophie, après que ces

(1) Voir la notice publiée par M. Cousin, *Revue des Deux-Mondes*, 4e série, 1840, t. xxi, p. 661 et suivantes, *et Annales de Philosophie chrétienne, t.* xxvii, p. 63-65. — (2) *Ibid.*

prêtres vous disent eux-mêmes qu'il faut écouter les prêtres de la religion, après qu'ils regrettent de ne pas les avoir toujours écoutés, après qu'ils vous renvoient au catéchisme catholique, apostolique et romain, comme au seul manuel de la vraie philosophie, après que leurs disciples finissent par le désespoir et le suicide ?

On ne doit plus croire à d'autres prêtres qu'aux prêtres de la raison et de la philosophie. Afin de mieux faire ressortir le néant de cette objection, examinons si le sacerdoce philosophique est pourvu de tout ce que doit posséder le véritable sacerdoce, établissons que des incrédules seuls peuvent être assez simples pour imaginer une semblable plaisanterie, et leurs adhérents seuls assez sots pour la croire.

Tout sacerdoce implique *un enseignement dogmatique.* Or, quel est l'enseignement dogmatique des prêtres de la raison, au XIXᵉ siècle ? Le voici ? Je crois au Grand-Tout qui n'est rien, qui est partout et qui n'est nulle part. Je crois au fini, à l'infini et à leurs rapports, c'est-à-dire, à trois abstractions. Je crois à un avenir inconnu, à l'absorption finale, à la rentrée de l'âme dans le *Buthos* ou le *Plérôma,* car l'âme n'est qu'une manifestation transitoire, une évolution passagère de la substance infinie ; je crois à la fatalité, à la force aveugle. Voilà nos fiers penseurs, voilà les prêtres de la raison ; ils croient à un Dieu impersonnel, qui ne connaît pas le monde et, par là même, ne le gouverne pas ; ils croient à une âme qui, elle aussi, deviendra impersonnelle et cessera d'avoir conscience d'elle-même. Excluant la Providence, ils mettent le hasard au gouvernail, et n'ont d'autre domaine que ce monde si borné, si limité, si ténébreux, si froid, si vide, dans lequel l'âme l'étouffe ; que dirai-je ? ils admettent le spinosisme, le voltairianisme, le kantisme, l'hégélianisme, le cousinisme, tous ces systèmes impies qui sont nés de l'orgueil et de la volupté, comme les vers naissent de la corruption, tandis qu'ils regardent nos dogmes divins comme autant de bons vieux mots un peu lourds. Que dirai-je encore ? Ils ont foi au cercueil, à la poussière, au néant, à toutes ces doctrines impures, dans lesquelles les hommes aiment à se bercer pour mieux s'endormir dans la mort. Que dirai-je enfin ? Ils nous donnent comme la plus belle découverte de la raison, comme la dernière explication de toutes choses, le corps sans l'âme qui en est la forme substantielle et le monde sans Dieu qui en est la cause efficiente, exemplaire et finale.

Tout sacerdoce implique *un enseignement moral*. Or, quel est l'enseignement moral des prêtres de la raison au XIX⁰ siècle ? Le voici. Je crois à la sainteté et à l'impeccabilité de la nature humaine, comme je crois à son infaillibilité, et cela, par la raison toute simple qu'elle est divine, puisque chaque homme est une portion de la divinité. Je crois que le mal, loin d'être quelque chose de positif, n'est que le fini, le limité, l'imperfection du bien. Par suite de cette théorie satanique, les prêtres de la philosophie ont donné à la scélératesse le nom d'innocence, au vice, le nom de vertu ; ils ont appelé bien ce qui est mal. Par suite de cette théorie, M. Cousin a dit : « Je connais les fantes du dernier des Brutus, je pourrais les dire, mais il y a pour cet homme, au fond de mon cœur, *une invincible tendresse* ». Par suite de cette théorie, M. Thiers, à qui M. Cousin reprochait *son admiration pour Robespierre*, a pu à son tour reprocher à M. Cousin *sa tendre sympathie pour Marat* (1). Par suite de cette théorie, enfin, nous voyons partout autour de nous la défaillance des caractères, l'affaissement des cœurs, la corruption des consciences et la dégradation de tout l'homme.

Tout sacerdoce implique *un culte*. Quel a été le culte des prêtres de la philosophie? Je l'ai dit plus haut, c'est le culte de la raison, non pas de la raison abstraite, mais de la raison personnifiée dans une ignoble courtisane que l'on a fait monter sur les autels du Très-Haut, et que l'on a cru ne pouvoir honorer dignement que par des hécatombes de victimes humaines. Les prêtres de la philosophie ont donc fait rétrograder l'humanité jusqu'au culte, non pas de la grande Cibêle, mère des dieux, non pas de la sage Minerve, non pas de l'implacable Junon, dont l'orgueil et la haine avaient du moins quelque fierté, mais jusqu'au culte d'Astarté et de Vénus; ils l'ont fait rétrograder, les infâmes ! jusqu'au culte aphrodisiaque de la femme, que le Christianisme a ennoblie et spiritualisée?

(1) *Revue indépendante*, etc., citée dans le *Monopole universitaire, destructeur de la religion et des lois*, onzième article, p. 222.

Tout sacerdoce implique *des temples*. Quels sont les temples de la philosophie? Ce sont ses palais universitaires, les salles où s'assemblent ses maîtres et ses disciples. Or, que sont ces palais, que sont ces salles, que sont ces temples? Ce sont les temples de la dispute, puisque l'on ne s'y entend pas ; les uns disant blanc pendant que les autres disent noir, ceux-ci s'amusant à faire une goutte d'eau, pendant que d'autres font une goutte d'encre ; les troisièmes prescrivant des astringents, tandis que les quatrièmes prescrivent des laxatifs. Loin que les temples de la philosophie soient un foyer de lumière, ils sont des antres de ténèbres, puisqu'il n'en sort que la poussière des systèmes, de même qu'il ne sort des temples de l'hérésie, que la poussière des sectes. Rien de suivi, rien d'enchaîné dans les enseignements des pontifes de la raison, tout y est décousu, et par là même, rien n'y peut satisfaire pleinement l'intelligence humaine. Qu'est-ce, en effet, que le décousu ? Qu'est-ce qu'un professeur de décousu? Qu'est-ce, sinon un homme qui dit : Deux fois deux font quatre, donc il pleuvra demain.

Voilà le bilan des prêtres de la philosophie, voilà la liquidation de leurs affaires, voilà les doctrines dont ils prétendent composer le cathécisme de la France. Ne sont-ils pas convaincus de ne pas s'acquitter envers leurs promesses et leurs engagements, d'être insolvables? Ne sont-ils pas convaincus d'en imposer, en affirmant sans cesse et sur tous les tons que la vérité est une fille de la raison? Ne faut-il pas reconnaître que leurs livres ne sont pas tout à fait des miracles, qu'ils font peu pour l'avenir, et que l'on pourrait définir la philosophie, un vain et éternel effort pour arriver, je ne dirai pas à telle ou telle vérité particulière, mais à la vérité totale ? S'ils parvenaient à triompher, ne verrait-on pas bientôt ce que l'on a vu naguère, toutes les erreurs paraissant sur la scène à côté de tous les crimes ? Ne faudrait-il pas bientôt chanter l'hymne de la douleur et du désespoir sur les décombres de la patrie ?

Les pontifes de la philosophie ont un caractère purement négatif. Ils nient Dieu, l'âme, la liberté, la vie future, la distinction du bien et du mal, et par dessus tout, ils nient le catholicisme. Quand ils parlent de la religion, ils se bornent à en donner cette définition vague et purement subjective : « La croyance qu'il y a quelque chose de divin au sein de l'humanité, l'intime poésie de chacun (1) » Quand ils parlent politique ou sociologie, ils ne savent que dire, *liberté, égalité, fraternité*, comme si ces trois grandes choses, par l'abus qu'ils en font, n'étaient pas devenues trois mensonges et trois blasphèmes ; comme si l'arbre de la liberté n'avait pas couvert de son ombre la servitude universelle ; comme si la formule égalité n'avait pas abouti à cette formule de Satan : *Vous serez comme des dieux*, c'est à dire comme les riches, comme les rois, comme tout ce qui est au-dessus de vous ; comme si enfin l'on n'avait pas vu porter en triomphe, pour symbole de la liberté,

(1) Renan, *Discours d'ouverture au Collége de France* p, 28.

un poignard souillé de sang. Quand les pontifes de
la philosophie ont parlé industrie et progrès, ils
n'ont vu que la terre au mépris du ciel, le corps au
mépris de l'âme, la matière au mépris de l'esprit, à
tel point que la science de la richesse et du bien-
être en est arrivée, selon une expression aussi juste
que spirituelle, à remplir le monde *de machines qui
sont presque des âmes, et d'âmes qui ne sont plus que
des machines.* Et c'est avec cette philosophie toute né-
gative, c'est avec ces théories infécondes et stériles
pour le bien, que dis-je ? c'est avec ces fragments,
ces riens, cette table rase que les prêtres de la raison
prétendent pouvoir dominer les intelligences, capti-
ver les cœurs, régénérér les mœurs. Vain espoir! Par
de tels moyens, ils n'aboutiront qu'à opposer des
murs de sable aux passions furieuses, à transformer
cette vallée de larmes en un enfer au lieu de la transformer en un paradis terrestre, et à devenir la fable
du public. Ils pourront peut-être parvenir à abuser
quelques hommes naïfs, semblables en cela aux charlatans qui parviennent à vendre leur élixir de longue
vie à force paysans qui en meurent, mais le bon
sens que Bossuet a appelé *le maître de la vie humaine*, en fera à jamais justice. Ce n'est pas avec des
abstractions que l'on peut gouverner la vie. Les philosophes de la première partie de ce siècle n'ont pas
même pu emporter leurs illusions dans la tombe, attendu qu'ils ont vu leurs systèmes mourir avant eux:
ainsi en sera-t-il de leurs successeurs. Dans l'antiquité, les systèmes des philosophes pouvaient tenir
quelque temps, parce qu'ils se trouvaient en pré-

sence de religions fausses; dans les âges chrétiens, ils ne peuvent que s'évanouir bientôt, parce qu'ils ont affaire à la vérité; ils peuvent piquer la curiosité, ils ne peuvent rallier les esprits. Platon, Aristote, Zénon ont eu des disciples, nos professeurs de sagesse humaine n'auront jamais que des spectateurs.

On ne doit plus croire à d'autres prêtres qu'aux prêtres de la raison et de la philosophie. Par là même on doit croire aux prêtres de l'hérésie, car qu'est-ce qu'un hérétique, sinon un rationaliste s'exerçant sur le Christianisme ; par là même encore, on doit croire surtout au clergé anglican qui, grâce à l'intervention de la loi civile possède une somme de vérités chrétiennes plus considérable que les autres clergés réformés. Or, la conséquence de votre principe ne vous est pas tout à fait favorable. Savez-vous, en effet, dans quels termes un publiciste de ce siècle appréciait le clergé anglican ? Le voici. Le clergé anglican est fort riche et puissant, il jouit du plus haut budget de l'Europe. Ses évêques sont aussi riches que des banquiers, ils ont des palais, des pairies, de l'argent qu'ils prêtent à dix pour cent au grand Turc, et ils laissent les pauvres mourir de faim. Ils font des économies pour leurs enfants, car ils sont mariés et pères de famille. Leurs fils sont capitaines ou colonels, quand Dieu le permet, et ils mènent avec les revenus de l'Eglise bonne et joyeuse vie. Leurs filles sont dotées avec les revenus des couvents sécularisés. L'évêque a ses meutes pour chasser le renard, et n'est pas le dernier à suivre la chasse et à sauter avec son cheval

par dessus la haie, car il est avant tout gentleman,
et il aime le sport. Cet évêque riche, bien portant,
bon vivant, bon chasseur, bon cavalier, quelquefois,
dit-on, bon buveur, ne souffre pas volontiers qu'on
manque aux lois de l'Eglise dans son diocèse, et
comme il a les lois en main, il les fait respecter. Il
est assis à la Chambre des Lords, il veille au main-
tien et à l'accroissement de son revenu. C'est un
rude gaillard, il fait mettre en prison le braconnier
qui chasse sur ses terres et, à l'amende, l'hérétique qui n'assiste pas à l'office divin, etc., etc. Je le
demande, n'est-ce pas être l'ennemi de soi-même
que de préférer de tels prêtres aux prêtres, et quiconque veut passer sous leurs drapeaux, ne doit-il pas
préalablement abdiquer toute dignité?

Concluons donc que le catholicisme étant de Dieu,
et la raison nous disant qu'il faut croire à ce qui
vient de Dieu, on doit principalement et par dessus
tout croire au prêtre catholique, et cela selon ces paroles de saint Thomas : « Il faut reconnaître que la
foi n'est pas, sous tous les rapports, en dehors de la
raison, car la raison naturelle nous dit qu'il faut
donner son assentiment aux choses qui sont enseignées par Dieu (1).

*On ne doit croire qu'aux prêtres de la raison et de
la philosophie.* — Il paraît par là que le prêtre ca-

(1) Quamvis et ipsa fides non omnibus modis sit
præter rationem ; hoc enim naturalis ratio habet quod
assentiendum est his quæ a Deo dicuntur. *Opusc.*
LXX. *De Trinit.*

tholique n'est pas de votre goût ; mais ne triomphez pas si vite, car des esprits aussi éminents que vous pouvez l'être, l'ont apprécié autrement que vous, ce qui montre que vos appréciations ne sont pas du goût de tout le monde. Et, en effet, voulez-vous d'abord savoir ce que la prose a dit du prêtre ? Écoutez : « Le curé seul est professeur de morale, il tient ses ouailles dans ses mains avec une sainte liberté, avec une incroyable plénitude. Il ne les quitte pas un instant depuis le berceau jusqu'à la tombe. Il est le maître, le directeur, le possesseur de leurs secrets, de leurs joies, de leurs chagrins, de leurs incrédulités, de leurs soupirs, de leurs terreurs. Le dogme, la pénitence, l'absolution, la conduite, les bons et les mauvais désirs, les penchants, les inimitiés, les vengeances, les chutes, les repentirs, il voit tout, il entend tout, il sait tout ; il effraie les consciences et les rassure, il frappe et il console. Il n'y a pas pour lui ni de chaumière trop petite, ni d'hommes trop pauvres, ni de plaies trop infectes, ni de maladie trop contagieuse, ni de distance trop éloignée, ni de température trop froide ou trop chaude, ni d'heure indue, ni de logis fermé, ni de cœur qui ne s'ouvre, ni de sexe, d'âge ou d'état avec lesquels à chaque instant, il ne puisse communiquer. Né presque toujours dans la crèche du peuple, nourri, élevé comme lui, avec lui, il connaît mieux, beaucoup mieux que les grands du monde, les besoins du peuple, ses intérêts, ses faiblesses, ses penchants, ses mœurs, ses préjugés, ses défauts, ses qualités, ses vices, ses vertus. Il sait mieux les remèdes qui lui conviennent,

les paroles qu'il faut lui dire, les côtés sensibles par
où il faut le prendre, les plaies de l'âme et du corps
par où il faut le sonder. On a vu des pauvres mourir
de faim à la porte d'un riche, jamais à la porte d'un
curé, s'il leur reste la force de tirer le cordon de la
sonnette. Y a-t-il quelque discord entre le père et les
enfants, entre frères, entre époux, entre voisins, ce
n'est pas au juge de paix qu'on s'adresse, c'est au
curé. Aucune œuvre charitable ne peut se fonder
dans le village, eût-on les mains pleines d'or, sans
que le curé ne soit consulté, sans qu'il n'y participe,
sans qu'il ne la surveille, sans qu'il ne lui imprime
un caractère de simplicité, de désintéressement et de
durée. Il invoque Dieu en commun pour l'éloigne-
ment du fléau et pour la prospérité des biens de la
terre ; il prie en commun pour tous les trépassés, il
ouvre en commun, à tous les fidèles rassemblés sous
le toit de Dieu, les rosées du ciel, les trésors de la
grâce et les espérances infinies de l'immortalité. S'il
prêche au peuple le respect qu'il doit aux puissances
établies, il prêche aux puissances établies le respect
qu'elles doivent à la justice. S'il recommande au pauvre la résignation dans le malheur, il recommande
au riche la charité dans la fortune. S'il ne veut pas
qu'on rompe violemment la différence des rangs, il
rétablit l'égalité des conditions dans le ciel, devant
l'égalité des œuvres ; et il est bien plus le consola-
teur spirituel des misérables et des infirmes, qu'il
n'est le prêtre des heureux et des puissants. Suppo-
sons que l'on abolisse les prêtres, à l'instant le jour
consacré au repos cesse, il n'y a plus de cloches

pour annoncer les prières du soir et du matin, ni pour
faire souvenir des morts ; le cimetière ne repose plus
sous la garde de Dieu. Les mères et les filles négli-
gent les soins de la toilette et même de la propreté,
ne sachant plus où ni à qui se montrer. Les hommes
et les femmes n'ayant plus d'autre retenue que la
pudeur naturelle, barrière malheureusement trop faible contre les passions, tomberaient dans les excès
honteux et le pêle-mêle de la bestialité. Les âmes,
également sans frein, mais non sans terreur, se pré-
cipiteraient dans la superstition ; l'égoïsme rempla-
cerait la charité ; l'orgueil, l'humilité ; l'intérêt, la
conscience ; la matérialité des désirs, les plaisirs de
l'intelligence ; les loups-garous, les saints ; les sor-
ciers, les prêtres ; les cabarets, le presbytère ; le lu-
panar, l'église ; l'enfer, le ciel, et le diable,
Dieu (1). »

Après avoir entendu la prose venger le prêtre catholique auquel vous préférez les prêtres de la raison,
et faire ressortir le sublimité de sa mission que vous
dédaignez, voulez-vous entendre la poésie ? Écoutez
encore :

> Voyez-vous ce modeste et pieux presbytère ?
> Là vit l'homme de Dieu, dont le saint ministère
> Du peuple réuni présente au ciel les vœux,
> Ouvre sur le hameau tous les trésors des cieux,
> Soulage le malheur, consacre l'hyménée,
> Bénit et les moissons et les fruits de l'année,
> Enseigne la vertu, reçoit l'homme au berceau,
> Le conduit dans la vie et le suit au tombeau ;

(1) Timon, *Entretiens du village.*

Par ses sages conseils, sa bonté, sa prudence,
Il est pour le village une autre providence,
Quelle obscure indigence échappe à ses bienfaits ?
Dieu seul n'ignore pas les heureux qu'il a faits.
Souvent dans ce réduit où le malheur assemble
Le besoin, la douleur et le trépas ensemble,
Il paraît, et soudain le mal perd son horreur,
Le besoin sa détresse et la mort sa terreur.
Qui prévient le besoin, prévient souvent le crime.
Le pauvre le bénit et le riche l'estime ;
Et souvent deux mortels, l'un de l'autre ennemis,
S'embrassent à sa table et retournent amis.
      Honorez ses travaux (1)

Voilà ce qu'est le prêtre catholique que vous dédaignez si superbement, vos dédains sont-ils fondés ? Si vous le méprisez n'est-ce pas uniquement parce que vous ne le connaissez qu'à travers le prisme des préjugés ? Et, quoi qu'il en soit, devez-vous être si affirmatif lorsque :

    Et la prose et les vers protestent contre vous ?

Il ne faut plus croire à d'autres prêtres qu'aux prêtres de la raison. — Et par là même, il ne faut plus croire au prêtre catholique. Mais quoi ! Est-ce que le catholicisme ne respire pas, et dans l'ordre théorique, et dans l'ordre pratique, le spiritualisme le plus élevé ? Est-ce que les vertus qu'il prêche ne sont pas de tous les temps et de tous les lieux, et n'ont pas pour effet d'assurer, là où elles sont pratiquées, la tranquillité et la paix du monde ? Est-ce que le prêtre

(1) Delille.   **7.**

catholique n'a pas le prosélytisme, loin de ressembler à ces hommes qui se gardent d'ouvrir la main, alors même qu'ils l'ont pleine de vérités ? Est-ce qu'il n'a pas l'influence, lui qui aux premiers siècles de l'ère chrétienne, accomplit la révolution morale la plus grande dont le monde ait été témoin, et cela par l'effusion de son sang, lui qui renouvelle chaque jour le grand miracle de la transformation morale des âmes ? Quand on répudie le prêtre catholique, ne faut-il pas répudier tout autre prêtre, même le marabout, même le talapoin, même les prêtres de la raison, même les prêtres de la philosophie ? Et de grâce, dites-le, pourquoi dédaigneriez-vous de vous constituer le disciple du prêtre catholique ?

Serait-ce parce que, comme vous le dites fièrement, c'est un esclavage honteux, ridicule et contraire à la liberté « de demander à un dominicain la permission de penser, de parler, de lire ? » Mais demander cette permission, n'est-ce pas se soumettre à l'autorité de l'Eglise, qui est une autorité divine, et, par là même, sûre et infaillible. Refuser de la demander, n'est-ce pas en définitive, si on consulte l'expérience, se réserver le droit de déraisonner sur tout ? Puis, ceux qui dédaignent les décrets de la *Congrégation de l'Index*, sont-ils vraiment libres et indépendants ? Ne mangent-ils pas du jésuite si on leur sert du jésuite, du pape si on leur sert du pape ? Ne subissent-ils pas tel ou tel système philosophique qui a la vogue, comme les femmes subissent telle ou telle coiffure qui est devenue de mode. Enfin, l'institution de cette Congrégation n'est-elle pas fondée

en raison ? Qu'est-ce qu'une bibliothèque ? *La phar-*
macie de l'âme, selon la définition aussi juste que
belle des anciens. Si le gouvernement civil veille sur
les pharmacies qui contiennent les remèdes du corps,
de peur qu'on y vende des poisons, le gouvernement
spirituel, l'Eglise catholique ne doit-elle pas veiller
sur les pharmacies des âmes ? Pour déblatérer contre
une telle vigilance, ne faut-il pas être vendeur de
mauvaises drogues, c'est-à-dire consulter ses intérêts plutôt que sa raison ? Le premier et le plus grand
des biens, ce qui fait la vie et l'avenir des institutions
c'est incontestablement la possession pleine et entière de la vérité sans altération et sans mélange
d'erreur. Il ne suffit pas que l'homme ait créé la va-
peur et vaincu la nature, il ne suffit pas qu'il ait as-
sujetti la foudre à porter ses dépêches, et par là,
qu'il ait triomphé en quelque sorte et du temps et de
l'espace, il ne suffit pas qu'il connaisse la physique,
la chimie, la médecine, les lois du monde matériel,
il faut qu'il connaisse avant tout la vérité sur Dieu et
sur l'âme ; hors de là, pour la société, nulle autre
destinée que la mort, nulle autre fin que le cercueil.
Or, la vérité sur Dieu et sur l'âme, c'est l'Eglise qui la
possède, la conserve par la vigilance qu'elle exerce
sur les doctrines, qu'avez-vous dès lors à dire ?

Pourquoi encore dédaigneriez-vous de vous constituer le disciple du prêtre catholique ? Serait-ce parce
que, pour employer ici encore vos expressions, *Dieu*
n'aurait donné à aucun homme de le représenter
ici-bas; et qu'en conséquence, *il est absurde de croire*
à la superstition pontificale. Si la Papauté proclame

tous les grands principes qui font la gloire, la splendeur, la force des nations, à toutes les époques de leur vie, ne devez-vous pas conclure que, loin d'être trépassée, elle porte en elle les destinées de l'avenir? Si elle triomphe de tout sans aucun moyen humain, ne devez-vous pas conclure qu'elle est divine? et, qu'en conséquence, elle vivra autant que le monde? Si elle n'a pas dépéri dans les siècles passés, ne pouvons-nous pas conclure qu'elle ne dépérira pas dans les siècles à venir, qu'elle donnera constamment, comme elle le donne aujourd'hui, le plus grand spectacle que l'œil de l'homme puisse contempler, et que nous pourrons à jamais nous écrier avec un écrivain célèbre : « Quelle royauté plus belle, que celle qui vit non de tributs extorqués par la violence, mais d'offrandes volontaires, inspirées par l'amour ! Quelle royauté plus belle que celle qui n'a d'autre épée que la plume, d'autre artillerie que la parole, d'autres gardes du corps que l'affection de son peuple ! Quelle plus belle royauté que celle qui ne fait pas couler les larmes, mais qui les essuie ; qui ne répand pas le sang, mais qui l'arrête ; qui n'immole pas les vies, mais les conserve ; qui ne domine pas le peuple, mais l'améliore ; qui ne forge pas des chaînes, mais les brise ; qui maintient l'ordre, l'harmonie, la paix, sans porter préjudice à la liberté (1). »

Ils disent cependant, Christ, que tu te voiles
Que les clartés du siècle ont vaincu ton étoile,

(1) Le P. Ventura, *Oraison funèbre de Daniel O'Connel*, p. 56.

Que ce monde vieilli n'a plus besoin de toi,
Que la raison est seule immortelle et divine,
Que la rouille des temps a rongé ta doctrine,
Et que, de jour en jour, de ton temple en ruine
Quelque pierre en tombant déracine ta foi.
Mais l'ère où tu naquis, ère toujours nouvelle
Luit au-dessus de nous comme une ère éternelle :
Une moitié des temps pâlit à ce flambeau,
L'autre moitié s'éclaire au jour de tes symboles.
Deux mille ans épuisant leurs sagesses frivoles
N'ont pas pu démentir une de tes paroles,
Et toute vérité date de ton berceau.
Et c'est en vain que l'homme, ingrat et las de croire,
De ses autels brisés et de son souvenir
Comme un songe importun veut enfin te bannir,
Tu règnes malgré lui, jusque dans sa mémoire
Et d'un passé, rayonnant de ta gloire.
Tu jettes tes splendeurs au dernier à venir.
Lumière des esprits, tu pâlis, ils pâlissent.
Fondement des Etats, tu fléchis, ils fléchissent,
Sève du genre humain, il tarit si tu meurs,
Racine de nos lois dans le sol enfoncée
Partout où tu languis on voit languir les mœurs
Chaque fibre à ton nom s'émeut dans tous les cœurs
Et tu revis partout, jusque dans la pensée.
>*Jusque dans la haine insensée*
>*De tes ingrats blasphémateurs (1)*

Ces dernières paroles sont d'une vérité incontestable et rappellent une des preuves les plus décisives
de la divinité du Christianisme et de l'Eglise. D'un
côté, les hommes vicieux doivent haïr cordialement

____

(1) Lamartine, *Harmonies*, Hymne au Christ.

la vérité, de l'autre le Christianisme est haï cordialement par tous les hommes vicieux, ne faut-il pas
conclure dès lors que le Christianisme est la vérité?
Ne faut-il pas conclure qu'il est seul la vérité, puisqu'il est seul haï? Laharpe a énoncé une vérité incontestable quand il a dit : « Il appartient à la religion chrétienne de ne pouvoir être ni médiocrement
aimée, ni médiocrement haïe (1). »

Ajoutez à cela que les ennemis de l'Eglise lui rendent témoignagne non-seulement par leur haine, mais
encore par les châtiments dont la divine Providence
les punit, afin de montrer qu'elle veille sur son œuvre
qu'elle intervient en sa faveur, et qu'au besoin elle
sait la venger contre ses blasphémateurs. Pilate, l'an
37 de Jésus-Christ, fut envoyé en exil près de Vienne
en Dauphiné, et deux ans après se tua de désespoir.
Hérode, son complice, fut relégué à Lyon, où il mourut misérablement. Claudius Hermianus, ayant persécuté les chrétiens en Cappadoce, et se voyant en
punition de ses crimes, devenu la proie vivante des
vers qui grouillaient dans ses plaies, en était réduit
à s'écrier : « Ne dites rien, de peur que les chrétiens
s'en réjouissent (2). » Cécilius Capelle, gouverneur
de Byzance, sous l'empereur Sévère, après avoir, lui
aussi, persécuté le nom chrétien, expira en disant
avec dépit : *Triomphez, chrétiens.* (3) Lactance a écrit
sur la mort des persécuteurs, un traité connu. Julien

(1) *Du fanatisme dans la langue révolutionnaire,*
n. VII. — (2) Nemo sciat ne gaudeant Christiani.
Tert. *ad Scap.* III. — (3) Gaudete Christiani, *ibid.*

retrouva en Médie ce même Christ qu'il avait renié dans les Gaules.

Tout concourt à démontrer la divinité de la religion chrétienne, tout, absolument tout, jusqu'à ses ennemis, soit par la haine insensée dont ils le poursuivent, soit par l'impuissance des coups dont ils la frappent, soit par les hommages directs ou indirects qu'ils sont comme forcés de lui rendre, soit par les victoires que leurs attaques lui occasionnent. L'Eglise a triomphé de toutes sortes d'ennemis.

Quand les empereurs la persécutaient et donnaient contre elle un libre cours à la rage populaire, elle vit les traits de ses ennemis s'émousser et tomber à ses pieds, et elle ne tarda pas, elle que l'on regardait comme la religion du vulgaire et des esclaves, elle que l'on mettait avec mépris au ban de l'empire, ou que l'on reléguait dans les faubourgs et les prisons, elle ne tarda pas à monter jusqu'au palais des grands, et à s'asseoir aux conseils les plus secrets des maîtres du monde.

Quand on a voulu corrompre sa foi par l'hérésie, elle a opposé l'autorité de ses Conciles, la perpétuité de sa tradition et la science de ses docteurs, et elle s'est conservée pure de toutes les souillures de l'erreur.

Quand on a voulu la dominer, l'asservir, en faire l'instrument des intérêts, des passions, de la politique, elle a su sauvegarder son indépendance.

Quand la corruption a voulu altérer la sainteté de sa morale, et faire défaillir ses enfants, elle lui a opposé les vertus de ses saints, et s'est réformée elle-même.

Quand l'hypocrisie, dont les caresses feintes sont plus à redouter que les persécutions à ciel ouvert, est venue se prosterner à ses pieds, elle s'est tenue, sans faire aucune concession indigne d'elle, dans l'immutabilité des principes, dans la justice, dans le droit qu'elle a proclamé dans toute sa teneur, elle a dit : *Non possumus, non volumus.* Voilà l'Eglise telle que dix-huit siècles nous la montrent.

Dès lors, que reste-t-il à faire qu'à se ranger sous ses étendards, à la proclamer le soleil des âmes, reconnaissant que seule elle a droit au commandement et à l'empire ? L'autorité des voltairomes, nous ne l'avons que trop vu, est une autorité usurpée, illégitime, tyrannique ; en conséquence, la secouer, pour se constituer le très-humble et très-dévot serviteur de l'Eglise, c'est s'affranchir et reconquérir la liberté. Fuyez-les donc au lieu de les célébrer, rompez avec eux, vivez seul, plutôt que de mettre le pied dans la synagogue de Satan, plutôt que d'écouter des docteurs assis dans la chaire de pestilence. Rappelez-vous les paroles de saint Paul : *Erunt homines seipsos amantes, cupidi, elati, superbi, blasphemi, ingrati, scelesti, sine affectione, criminatores, incontinentes, immites, sine benignitate, proditores, protervi, tumidi et voluptatum amatores magis quam Dei..... Et hos devita* (1). Suivez le conseil de saint Jean. Cet apôtre de la charité écrivait à Electa : « Ne recevez

____

(1) II Tim., III, 3.

pas dans votre maison celui qui vient à vous, et ne vous apporte pas cette doctrine ; ne le saluez même pas, car celui qui le salue communique déjà à ses œuvres perverses (1). » Imitez aussi la conduite de cet apôtre. S'étant rendu aux bains publics, et ayant appris que l'hérétique Cérinthe s'y trouvait, saint Jean s'arrête tout à coup et , donnant l'exemple après avoir donné le précepte, il dit aux fidèles qui l'accompagnaient : « Retirez-vous, mes frères, de peur que cet édifice où se trouve Cérinthe, l'ennemi de la vérité, ne tombe sur nos têtes (2), » Oui, marchez sur de si nobles traces, que l'on reconnaisse la vigueur de votre foi à votre haine pour l'erreur. On ne peut pas plus servir deux maîtres que l'on ne peut marcher dans deux chemins à la fois ; c'est un oui ou un non que demande Jésus-Christ, la pierre de contradiction ; ce n'est pas un non et un oui en même temps ; surtout ne taxez pas les prédicateurs de l'Evangile d'exagération et de fanatisme, lorsqu'ils protestent contre le blasphème et l'impiété, car la maladie du siècle est une de ces maladies chroniques, qui ne peuvent être guéries qu'à la condition d'être préalablement ramenées à l'état aigu.

Je m'arrête, parce qu'il est inutile d'aller plus loin, avec des hommes tellement imbus de préjugés que, fermant les yeux à la lumière, ils sont prêts à tout accueillir contre le prêtre, sans même examiner ce qui peut lui être favorable. Voyez-les, en effet. Si le

______

(1) II Joan., x, 11. — (2) Irœn, adv. *Hæres.* et ap. *Euseb.*, l. v, c. 14.

soleil dessèche et brûle la terre, c'est le prêtre qui en est la cause ; si la pluie l'inonde, c'est le prêtre qui en est la cause ; si les épis ne sont pas fournis, c'est le prêtre qui en est la cause ; si le raisin ne parvient pas à maturité, c'est le prêtre qui en est la cause. Que dirai-je encore ? Si la guerre se déclare, si la peste sévit, si la foudre gronde, si une bataille est perdue, si le commerce est stagnant, c'est le prêtre qui en est la cause. Que dirai-je enfin ? Si le chien aboie, si le chat chasse les souris, si l'eau a la vertu de mouiller et la gelée celle de refroidir, si la lune rousse a une influence nuisible, si la corneille et la pie sont des oiseaux de mauvais augure, si la grenouille coasse et si le corbeau croasse, c'est encore le prêtre qui en est la cause. Que faire avec de tels hommes, sinon gémir et prier pour que le soleil de la vérité se lève enfin sur eux ?

NANCY, TYP. HUMBERT, RUE DE LA SALLE, 29.